Basketball Coaching Book

提升籃球戰力 200 絕招

個人技術·團隊訓練

日立Sun Rockers總教練
小野秀二／監修

彭建榛／譯

前中華男籃總教練
李雲光／審訂推薦

東販出版

籃球的魅力所在
What's Basketball ?

只要努力
每個人都有可能成為球星

籃球的魅力所在

　　籃球是一種將球投入10呎（3m 5cm）高的籃框中，比賽誰的得分多的運動。當球應聲入網的瞬間，往往能讓整個比賽會場歡聲雷動。

　　得分的過程是相當精采多元的。有時你會看到球在空中劃出一道美麗的拋物線後俐落入網，有時你會看到攻方巧妙地甩開對方的防守打板得分，然而最讓觀眾們血脈賁張的，莫過於將球由籃框上塞入的灌籃了。

　　基本上每進一顆球的得分是兩分，一樣的兩分，意義可是大不相同。有時候是追平對手的兩分，有時候是拉開與對手差距的兩分，有時候也可能是反超對方的兩分，更有可能是伴隨著終場哨音響起的戲劇性逆轉的兩分。像這類精彩的逆轉勝，可說是最能闡明籃球樂趣的代表性場景了。

籃球比賽的賣點

　　話說回來，籃球的樂趣可不僅止於得分而已。像是為了提高投籃命中率的精采運球及傳球、為了阻止對方得分的精湛防守等，也都是籃球比賽的賣點之一。

　　正式的比賽紀錄之中，除了每個球員的得分之外，還會一併統計助攻（協助隊友得分的傳球）及抄截（將對方的球搶下後，合法奪得己方的進攻權）的次數。此外，「能控制籃板球的人，就能控制比賽」，籃板球（投籃不進後，取得球權者）的爭奪是支配著球賽勝負的關鍵因素。所以理所當然地，比賽紀錄中也會記錄每位球員的籃板球數。在所有比賽結束之後，除了得分王之外，也會列出助攻王、最佳防守球員、籃板王等獎項予以褒獎。

因此我們可以明顯感覺到，觀賞籃球比賽並不只是注重華麗的得分，積極防守不讓對方得分的執著與專注的努力態度，也是比賽中值得我們學習的另一部份。

有很多種方式
可以為贏球做出貢獻

一般我們都會認為，在籃球比賽中，個子高的人占有絕對優勢。的確，個子高的人確實在攻守上較占優勢，尤其是在籃下的得分上，但只要有驚人的彈跳能力或是優秀的站位技巧，矮個子的人一樣能與高個子一較高下。

此外，比起身高，我想我們更應該要求的是運球及傳球等基本技巧的正確性。就算是奔跑速度或彈跳等運動能力不突出，只要懂得在球場上用頭腦打

球，這些都是可以彌補的。

所謂優秀的球員以及能對球隊的勝利做出貢獻的球員其實有很多種，只要你夠努力，每個人都有可能成為這樣的球員。而這也是籃球運動能吸引這麼多人的魅力所在不是嗎？

想成為一個好球員
必須具備準確的判斷能力

持球時間短

以日本國內的籃球比賽來說，通常都是一節10分鐘，整場比賽共4節，所以比賽時間一共是40分鐘。雖然比賽時間會隨著年代而有所不同，但場上每隊能上場的球員僅有5名這點是一直都沒有改變的。也就是說，一場比賽中同時能在球場上的球員共有10名。

那麼，讓我們來算算看。將這40分鐘除以10的話，就是「4分鐘」。這個數字代表著什麼意義呢？就是每位球員能碰觸到球的時間，其實並不如我們想像中的長。當我們扣除掉球員被換下場休息的時間，以及考量到球員就算在場上也不見得摸到球之後，實際上球員能持球的時間是少之又少。

正因如此，所以我們才會強烈要求球員必須具備扎實的基本動作。高難度的技巧並不能為球隊帶來勝利。只有不犯不必要的失誤以及重視基本功的球員，才能引導球隊邁向勝利之路。

就算沒有持球
也要全神貫注

經過簡單的計算，我們得知一個球員能持球的時間只有短短的「4分鐘」，這表示其實球員非持球的時間比較長。這樣一來，球員在非持球的時間裡應該採取什麼樣的動作，就顯得格外重要了。

也就是說，我們得時時思考，怎麼樣的跑位才能讓持球球員的動作不受阻礙，以及若持球球員無法出手時，該採取哪些必要動作等等。話雖如此，但也不是光跑動就行。有時候必須先停下來觀察場上的情況，之後再採取必要的動作，這樣才能提高進球的命中率。

因此場上每位非持球的球員，都必須非常清楚自己應該扮演的角色。雖然己方在執行攻擊的動作時，沒有持球的球員難免會容易鬆懈下來，但如此一來，我方球隊是很難得分的。就算沒有球在手上，也應該全神貫注，讓所有人都融入攻擊體系中。這樣的團隊意識才是一支強隊的重要基石。

仔細觀察場上的狀況
做出正確的判斷

我們希望每位球員都能擁有觀察場上的動態後，做出正確判斷的能力。

像是現在應該積極出手？還是果敢地運球突破對方防守？亦或是先冷靜下來，透過球的傳導再尋找更好的攻擊機會等等。

若球員無視於周遭情況，老蒙著頭狂投籃的話，整支隊伍是無法順利運作

的。此外，光在那裡運球運半天不傳球，一直處於等待接球狀態的己方球員也會漸漸失去耐心。話雖如此，如果一直想著傳球而完全不投籃的話，又會讓攻擊受阻，稱了對方的意。

所以，想成為一位好球員，仔細分析戰況後做出正確判斷的「冷靜判斷力」，是萬萬不可或缺的。

必須要有『空間感』才能與『高度』對抗

所有球員都必須練相同的基本動作

要成為一支更強的球隊，就得讓每個球員扮演好各自的角色。以場上的位置來說，就是後衛能將球隊指揮好、前鋒成功地擔任攻擊箭頭、中鋒肩負起支配籃下的任務。

不過在一般練習時，我覺得不要拘泥於位置去做練習會比較好。以國中生球員來說，他在球隊中被賦予的角色，不見得到了高中或更遠的將來後還是一樣。

譬如說原本是中鋒的球員，以後會轉任後衛或前鋒，也有球員本來是後衛，最後卻成為前鋒或中鋒。這就是為什麼每個球員都要練習同一套基本動作的原因。以長遠的眼光來看，也許世界級的日本球員就能在這樣的強化訓練中被孕育出來。

就算不能出賽也要一起奮戰

能代表球隊同時在場上奮戰的球員僅有5名。但不是只有該5名球員身手了得，就能成為一支強隊。以第6人為首的板凳球員，甚至沒有坐在板凳席上，只能在加油區中嘶聲吶喊的其他隊友，這些人都必須全部融為一體，才稱得上是一支好球隊。

一支球隊必須由各式各樣的人來撐持，例如需要有人來計算各種練習的時間、需要有人幫我們用抹布擦拭地板上的汗水，甚至球員陷入低潮時，要讓他們有個可以諮商的對象。球隊必須要有這些人，球員們練習的效果才能提升，戰績才能扶搖直上。

我想不管是球員本身或是教練，都應該好好珍惜這些從平常練習時就一直為主力球員們盡心盡力的隊才是。

日本籃球的另一個關鍵

　　現在日本籃球界中，已有不少球員身高有望超過200公分，並擁有多項籃球技巧，正以達到世界級水準的氣勢成長中。「身高」當然不是籃球運動唯一的指標，但不可否認它絕對是籃球運動中一種象徵性的關鍵字。

　　和「身高」同等重要的關鍵字，莫過於「空間」二字。在身高上占絕對劣勢的日本人要向世界各籃球強權挑戰的關鍵，就在於走位的速度、動作的敏捷度，以及是否能迅速執行戰略。

　　而想取得這些速度上的優勢，重點就在於「空間」。當中尤其重要的是，自己該如何製造出那些空間，並有效地運用。在實際比賽中，我們也可以經常看到那些擅用「空間」的球員擊敗比他們高大的對手而大呼過癮。所以教練也應該時時思考如何運用「空間」來強化球隊的戰力。

Interview

成為一支更強的球隊

<Message by Shuji ONO>

- ●籃球的魅力所在 …………………………………… 002
- ●對球員的要求 ……………………………………… 004
- ●成為一支更強的球隊 …………………………… 006

本書的使用方法 …………………………………………… 016

用語解說①／關於球場的術語 ………………………… 018

序章　練習課程表的安排方法　019

- ●練習的基本概念與教練應注意的地方 …………… 020
- ●編列課程表的方法 ……………………………… 022

第1章　投籃　025

- ●未持球時的基本站姿 …………………………… 026
- ●立定投籃 ………………………………………… 028
- ●跳投 ……………………………………………… 030
- 方法001 ◎ 朝上方投籃 …………………………… 032
- 方法002 ◎ 仰躺練習 ……………………………… 032
- 方法003 ◎ 籃下投籃 ……………………………… 033
- 方法004 ◎ 中距離投籃 …………………………… 033
- 方法005 ◎ 罰球 …………………………………… 034
- 方法006 ◎ 跳投練習 ……………………………… 035
- 方法007 ◎ 單腳墊步接球後跳投 ………………… 036
- 方法008 ◎ 雙腳墊步接球後跳投 ………………… 037
- 方法009 ◎ 自己拋接球後跳投 …………………… 038
- 方法010 ◎ 籃板&投籃 …………………………… 039
- 方法011 ◎ 中距離投籃 …………………………… 039
- 方法012 ◎ V形移位投籃 ………………………… 040
- 方法013 ◎ 移位跳投 ……………………………… 040
- 方法014 ◎ L形移位投籃 ………………………… 041
- 方法015 ◎ 迂迴移位投籃 ………………………… 041
- ●上籃 ……………………………………………… 042
- ●騎馬射箭 ………………………………………… 044
- ●反手上籃① ……………………………………… 046

●反手上籃② 047

方法016 ◎ 左方接球上籃 048

方法017 ◎ 右方接球上籃 048

方法018 ◎ 正面運球上籃 049

方法019 ◎ 自底線角落處運球上籃 049

●要位後轉身跳投 050

●要位後勾射 052

方法020 ◎ 籃下正面連續投籃 054

方法021 ◎ 籃下反手投籃 054

方法022 ◎ 籃下勾射 055

方法023 ◎ 球不進後的跟進籃板 055

方法024 ◎ 撿球後投籃 056

方法025 ◎ 撿球後跨步運球投籃 057

●雙手投籃 058

用語解說② ／場上位置的專有名詞 060

第2章　運球　　　　　　　　　　　　　　　　　061

●控球 062

方法026 ◎ 腰部繞環 064

方法027 ◎ 頭部繞環 064

方法028 ◎ 單手上下撥球 065

方法029 ◎ 左右拉球 065

方法030 ◎ 跨下雙手前後接球（一） 066

方法031 ◎ 跨下雙手前後接球（二） 066

方法032 ◎「8字型」繞環 067

方法033 ◎「8字型」運球 067

方法034 ◎ 跨下前後彈接球 068

方法035 ◎ 前後拋接球 068

方法036 ◎ 前後跨下運球 069

方法037 ◎ 跪姿跨下運球 069

方法038 ◎ 坐姿雙腳繞環 070

方法039 ◎ 坐姿跨下運球 070

方法040 ◎ 指尖轉球 071

方法**041** ◎ 手腕繞球 071

●雙手兩球 072

方法**042** ◎ 雙手同節奏運球前進 074

方法**043** ◎ 雙手不同節奏運球前進 074

方法**044** ◎ 雙手以不同高度運球前進 075

方法**045** ◎ 雙手運球轉身 075

●運球的基本姿勢 076

方法**046** ◎ 換手運球 078

方法**047** ◎ 內外換手運球 079

方法**048** ◎ 轉身運球 080

方法**049** ◎ 跨下運球 081

方法**050** ◎ 背後換手運球 082

方法**051** ◎ 急停加速運球 083

方法**052** ◎ S形運球後投籃 084

方法**053** ◎ 45度過人後投籃 085

方法**054** ◎ 全場1對1 086

方法**055** ◎ 1對2 087

方法**056** ◎ 1對1抄球練習 088

第3章 傳球   **089**

●胸前傳球 090

●單手側邊傳球 092

●棒球式傳球 093

●地板傳球 094

方法**057** ◎ 漸漸延伸距離的對向傳球 096

方法**058** ◎ 往傳球方向趨近的對向傳球 097

方法**059** ◎ 前後移動的對向傳球 097

方法**060** ◎ 兩人兩球傳球練習（一）（胸前傳球－地板傳球） 098

方法**061** ◎ 兩人兩球傳球練習（二）（單手側邊傳球－單手側邊傳球） 099

方法**062** ◎ 加入防守球員的對向傳球 100

方法**063** ◎ 往傳球方向移動的三角傳球 101

方法**064** ◎ 往傳球反方向移動的三角傳球 101

方法**065** ◎ 密西根傳球 102

方法066 ◎ 四角傳球 …………………………………………… 103

方法067 ◎ 四角傳球（趨前防守）……………………………… 103

方法068 ◎ 往傳球方向移動的四角傳球 ……………………… 104

方法069 ◎ 5對4 ………………………………………………… 104

方法070 ◎ 兩人傳球 …………………………………………… 105

方法071 ◎ 三人傳球 …………………………………………… 105

方法072 ◎ 8字傳球 …………………………………………… 106

第4章　防守　107

●防守的基本姿勢 ……………………………………………… 108

方法073 ◎ 滑步 ………………………………………………… 110

方法074 ◎ 側跑 ………………………………………………… 111

方法075 ◎ 側跑及滑步 ………………………………………… 112

方法076 ◎ 綜合運用（1對1）………………………………… 113

方法077 ◎ 繞圈練習 …………………………………………… 114

方法078 ◎ 投籃、傳球、運球的應對 ……………………… 115

方法079 ◎ 信號防守 …………………………………………… 116

方法080 ◎ 無持球狀態的1對1練習 ………………………… 117

方法081 ◎ 滾球後趨前防守 …………………………………… 118

方法082 ◎ 阻擋兩翼投籃的趨前防守 ……………………… 119

方法083 ◎ 協防還原防守 ……………………………………… 119

●阻絕 …………………………………………………………… 120

方法084 ◎ 針對移動進攻方的阻絕防守 …………………… 122

方法085 ◎ 低位阻絕防守 ……………………………………… 123

方法086 ◎ 低位防守 …………………………………………… 124

第5章　籃板　125

●卡位 …………………………………………………………… 126

●雙手搶籃板球 ………………………………………………… 128

●單手搶籃板球 ………………………………………………… 130

方法087 ◎ 高拋後，快速彈跳抓球 ………………………… 132

方法088 ◎ 肩背互推練習 ……………………………………… 132

方法089 ◎ 爭球練習 …………………………………………… 133

方法**090** ◎ 繞圈卡位 ··· 134

方法**091** ◎ 針對出手者的卡位 ······················· 135

方法**092** ◎ 打板練習 ··· 136

方法**093** ◎ 叢林練習 ··· 137

方法**094** ◎ 2對2卡位練習 ································· 137

方法**095** ◎ 彈跳能力練習 ··································· 138

第6章　1對1個人技術　　　　　　　　　139

● 空手擺脫 ·· 140

方法**096** ◎ 持球的基本姿勢 ······················· 142

方法**097** ◎ 以軸心腳為圓心，做跨步旋轉攻擊動作 ···· 143

方法**098** ◎ 接球後立刻投籃 ······················· 144

方法**099** ◎ 接球後運球切入 ······················· 145

方法**100** ◎ 後彈跳投籃 ····································· 146

方法**101** ◎ 急停加速切入 ······························· 147

方法**102** ◎ 接球後轉身投籃 ······················· 148

方法**103** ◎ 試探步投籃 ····································· 149

● 內線1對1的卡位動作 ································· 150

方法**104** ◎ 強力運球&勾射 ··························· 152

方法**105** ◎ 1對1轉身投籃 ····························· 153

方法**106** ◎ 橫向掩護後的1對1 ··················· 154

第7章　小組配合　　　　　　　　　　155

● 持球的2對2 ·· 156

方法**107** ◎ 強邊切入 ··· 158

方法**108** ◎ 弱邊切入（走後門） ················· 159

方法**109** ◎ 兩人切傳練習 ······························· 160

方法**110** ◎ 兩人裡外組合（一） ················· 161

方法**111** ◎ 兩人裡外組合（二） ················· 162

方法**112** ◎ 利用低位球員製造空間 ··········· 163

方法**113** ◎ 高低位攻擊 ····································· 164

方法**114** ◎ 底線空手走位 ······························· 165

● 掩護 ··· 166

方法**115** ◎ 掩護後投籃 ……………………………………… 168

方法**116** ◎ 掩護後切入 ……………………………………… 169

方法**117** ◎ 掩護後外拉跳投 ………………………………… 170

方法**118** ◎ 再次掩護 ………………………………………… 171

方法**119** ◎ 往掩護反方向切入 ……………………………… 172

方法**120** ◎ 假掩護真切入 …………………………………… 173

方法**121** ◎ 給球後跟進 ……………………………………… 174

方法**122** ◎ 持球者假掩護真切入 …………………………… 175

方法**123** ◎ 向下掩護 ………………………………………… 176

方法**124** ◎ 背向掩護 ………………………………………… 177

方法**125** ◎ 橫向掩護 ………………………………………… 178

第8章　團隊進攻　　179

● 快攻時場上5人的角色分配 ……………………………… 180

方法**126** ◎ 全場2對1 ………………………………………… 182

方法**127** ◎ 3人小組進攻 …………………………………… 183

方法**128** ◎ 三線快攻 ………………………………………… 184

方法**129** ◎ 3人8字行進後的2對1 ………………………… 185

方法**130** ◎ 兩人直線快攻（一）…………………………… 186

方法**131** ◎ 兩人直線快攻（二）…………………………… 187

方法**132** ◎ 3打2加1（一）………………………………… 188

方法**133** ◎ 全場3對3 ………………………………………… 188

方法**134** ◎ 3打2加1（二）………………………………… 189

● 團隊進攻的基本 …………………………………………… 190

方法**135** ◎ 傳切 ……………………………………………… 192

方法**136** ◎ 傳切之後走後門 ………………………………… 193

方法**137** ◎ 傳球&掩護 ……………………………………… 194

方法**138** ◎ 5人傳球&掩護 ………………………………… 194

方法**139** ◎ UCLA進攻戰術 ………………………………… 195

方法**140** ◎ 走後門戰術 ……………………………………… 196

第9章　團隊防守　　197

● 團隊防守的基本概念 ……………………………………… 198

方法141 ◎ 幫忙還原 ··· 200

方法142 ◎ 包夾補防 ··· 201

方法143 ◎ 阻斷空手切入路徑的防守方式 ·················· 202

方法144 ◎ 反向切入的防守 ·· 203

方法145 ◎ 針對空手掩護的防守方式 ························· 204

方法146 ◎ 面對持球掩護的不換防防守 ······················ 205

方法147 ◎ 協防後還原防守 ·· 206

方法148 ◎ 包夾防守 ··· 207

方法149 ◎ 半場4對4攻防練習 ···································· 208

方法150 ◎ 全場攻守轉換練習 ····································· 208

方法151 ◎ 2-3區域防守 ·· 209

方法152 ◎ 3-2區域防守 ·· 209

方法153 ◎ 全場1-2-1-1包夾防守 ······························· 210

第10章 基礎體能訓練   211

● 鍛鍊體力的概念 ·· 212

方法154 ◎ 大腿內側伸展① ·· 214

方法155 ◎ 大腿內側伸展② ·· 214

方法156 ◎ 臀部伸展① ·· 215

方法157 ◎ 臀部伸展② ·· 215

方法158 ◎ 臀部伸展③ ·· 216

方法159 ◎ 大腿前側伸展 ··· 216

方法160 ◎ 大腿內側伸展 ··· 217

方法161 ◎ 小腿伸展 ··· 217

方法162 ◎ 弓箭步 ·· 218

方法163 ◎ 馬步蹲走 ··· 218

方法164 ◎ 爆發性跨步跳 ··· 219

方法165 ◎ 後踢 ··· 219

方法166 ◎ 髖旋轉 ·· 220

方法167 ◎ 側交叉步 ··· 220

方法168 ◎ 前踢 ··· 221

方法169 ◎ 側踢 ··· 221

方法170 ◎ 抬腿跑 ·· 222

方法171 ◎ S型跑 222

方法172 ◎ 後退步衝刺 223

方法173 ◎ 折返跑 223

方法174 ◎ 四角敏捷性跑 224

方法175 ◎ 三角敏捷性跑 224

方法176 ◎ 蹲馬步 225

方法177 ◎ 抬臀運動 225

方法178 ◎ 伏地挺身 226

方法179 ◎ 雙人互拉運動 226

方法180 ◎ 核心肌群訓練 227

方法181 ◎ 核心肌群訓練（側身） 227

方法182 ◎ 核心肌群訓練（單腳） 228

方法183 ◎ 仰臥起坐 228

方法184 ◎ 轉體仰臥起坐 229

方法185 ◎ 腳尖觸碰 229

方法186 ◎ 臀部上舉 230

方法187 ◎ 空踩腳踏車 230

方法188 ◎ 仰臥起坐・過頂傳球 231

方法189 ◎ 仰臥起坐・胸前傳球 231

方法190 ◎ 單手平衡接傳 232

方法191 ◎ 單手伏地挺身 232

方法192 ◎ 拱背 233

方法193 ◎ 手臂與腿部伸展 233

方法194 ◎ 跳繩 234

方法195 ◎ 雙腳屈膝跳 234

方法196 ◎ 雙腳連續彈跳 235

方法197 ◎ 側彈跳 235

方法198 ◎ 長跑 236

方法199 ◎ 二又四分之一折返跑 236

方法200 ◎ 間歇折返跑 237

方法201 ◎ 一又四分之三場折返跑 237

<Message by Shuji ONO>

●給教練的話 238

請在閱讀本書前詳讀此處。無論進行任何練習，最重要的都是循序漸進學習正確的動作。
等學會正確的動作後，再以模擬比賽的方式提升這些動作的速度。

●本書的構成

各個章節主要分成以下兩個重點。

技術解說

介紹該章節希望各位習得的基本技巧及理論。理解為什麼要做這樣的練習，以及練習的基本動作。此外，基本上實線的箭頭代表人的動作方向，虛線則表示球的動向。

練習方法

這是讓各位學會比賽中各項必備技巧的練習單元。會搭配照片或圖片，以容易理解的方式加以說明。練習時並不是照著單元上的項目進行就好，還必須根據自身球隊的狀況，改變移動位置或增加參與人數等。

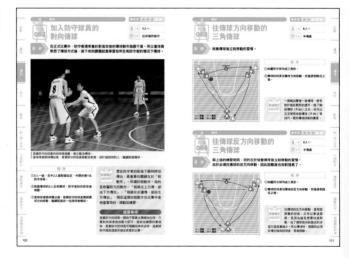

●練習單元的使用方式

利用文字和圖片來解說練習單元的使用方式。

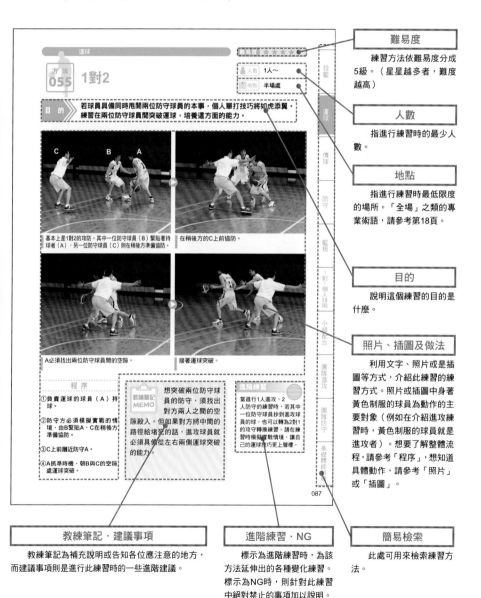

難易度

練習方法依難易度分成5級。（星星越多者，難度越高）

人數

指進行練習時的最少人數。

地點

指進行練習時最低限度的場所。「全場」之類的專業術語，請參考第18頁。

目的

說明這個練習的目的是什麼。

照片、插圖及做法

利用文字、照片或是插圖等方式，介紹此練習的練習方式。照片或插圖中身著黃色制服的球員為動作的主要對象（例如在介紹進攻練習時，黃色制服的球員就是進攻者）。想要了解整體流程，請參考「程序」，想知道具體動作，請參考「照片」或「插圖」。

教練筆記‧建議事項

教練筆記為補充說明或告知各位應注意的地方，而建議事項則是進行此練習時的一些進階建議。

進階練習‧NG

標示為進階練習時，為該方法延伸出的各種變化練習。標示為NG時，則針對此練習中絕對禁止的事項加以說明。

簡易檢索

此處可用來檢索練習方法。

017

用語解說①

關於球場的術語

這裡為各位介紹球場上的各個區域。如果
對練習方法中的「地點」有不懂的地方，
請參考此處的解釋。

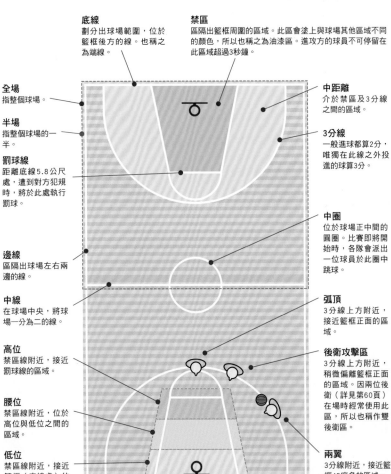

底線
劃分出球場範圍，位於
籃框後方的線。也稱之
為端線。

禁區
區隔出籃框周圍的區域。此區會塗上與球場其他區域不同
的顏色，所以也稱之為油漆區。進攻方的球員不可停留在
此區域超過3秒鐘。

全場
指整個球場。

半場
指整個球場的一
半。

罰球線
距離底線5.8公尺
處，遭到對方犯規
時，將於此處執行
罰球。

邊線
區隔出球場左右兩
邊的線。

中線
在球場中央，將球
場一分為二的線。

高位
禁區線附近，接近
罰球線的區域。

腰位
禁區線附近，位於
高位與低位之間的
區域。

低位
禁區線附近，接近
籃框（底線處）的
區域。

中距離
介於禁區及3分線
之間的區域。

3分線
一般進球都算2分，
唯獨在此線之外投
進的球算3分。

中圈
位於球場正中間的
圓圈。比賽即將開
始時，各隊會派出
一位球員於此圈中
跳球。

弧頂
3分線上方附近，
接近籃框正面的區
域。

後衛攻擊區
3分線上方附近，
稍微偏離籃框正面
的區域。因兩位後
衛（詳見第60頁）
在場時經常使用此
區，所以也稱作雙
後衛區。

兩翼
3分線附近，接近籃
框45度角的區域。

投籃　運球　傳球　防守　籃板　1對1個人技術　小組配合　團隊進攻　團隊防守　基礎體能訓練

序章
練習課程表的安排方法
Practice Drills

如何安排一份好的練習課程表，

是身為教練的重要工作之一。

讓我們找出所屬球隊的需求，

安排一份適合目前球隊程度的練習課程表。

練習的基本概念與教練應注意的

POINT 1　要非常清楚此練習是在比賽中的哪個時機運用

練習時非常重要的一點是，得隨時以比賽的實際狀況為考量。長時間漫無目標地進行練習，是無法提升效率的。

但是，這也不代表模擬比賽的練習越多越好。重點是必須十分清楚及了解，這樣的練習是為了在比賽的中的哪個時機靈活運用而做練習。

籃球與隔著一張網來回競技的運動不同，它會與對手有所接觸。正因如此，比賽中不會一直重複完全相同的攻防動作。所以當教練的人必須準備一套訓練球員能針對瞬息萬變的狀況而採取應對措施的練習課程表才行。

POINT 2　必須加強磨練自己位置的技巧並一邊進行其他的基本練習

每個球員在球隊中都有各自的位置。而為了確實做好被賦予的任務，必須好好磨練所屬位置中應具備的基本技術。

但只做強化自己位置的練習，是無法擴展籃球技巧的廣度的。以前，高個子的球員只要懂得籃下的各種攻防技巧即可，但以現代的籃球趨勢來看，高個子球員也必須具備遠離籃框的各項技巧與活動力。

難就難在取得相對性的平衡。也就是說球員得一邊進行強化自己位置的練習，一邊培養其他位置的基本技巧。所以教練在這方面要多多費神。

地方

POINT 3　讓球員朝正面的方向去思考

其實每位教練都有一套指導球員的方式。但我不建議用那種命令球員做這做那的方式去限制球員，或是強迫球員接受教練的觀念。「你做得很好，但只有這裡我覺得可稍做修改」、「好了，接下來就看你自己的判斷了」，我想用這樣的態度跟語氣讓球員朝正面的方向去思考，這是身為教練的我們應該時時注意的地方。這麼做可以讓球員去思考練習的目的和意義，然後快速提升個人技術。

此外，另一個重點是，要讓球員有「成功的體驗」。無論是誰都會因為成功而喜悅。當球員遇到瓶頸時，我們可以給他較為簡單的練習讓他達成，然後再好好地誇獎他一番。如此一來不僅球員的鬥志會提升，原有的瓶頸也許也會因此而突破。

POINT 4　讓練習目的明確化

「心・技・體」是用來砥礪運動員精進時最常使用的標語。籃球也是如此。以球員個人來說，充實精神方面的強韌度、技術方面的成熟度，以及體力方面的充沛度是非常重要的。此時必須注意的是，一定要很清楚目前所進行的練習是針對心・技・體哪一方面的練習。而有時候即使是相同的練習，也會因為設定時間的不同，導致目的完全相異。

例如尚處於基礎投籃姿勢的階段練習時，就要求球員加快出手速度的話，球員身體記住的不會是穩定的投籃姿勢，而是僅求快速出手的錯誤動作。如果球員正處於學習正確投籃的階段，我們應該一顆一顆球，請他慢慢練習，等他的身體記住了正確的姿勢後，再讓他試著加快出手的速度，最後再讓他在模擬比賽的練習中適應投籃節奏。像這樣在練習方法上下功夫，讓練習的目的明確化，就是我們教練的責任。

練習課程表的安排方法②

編列課程表的方法

POINT	**試著模擬真實比賽的情形** **調整出適合目前球隊程度的課程表**

我們可以把練習大致分成提升個人能力的練習，以及提升團隊戰力的練習。每個球員都要先將投籃、運球、傳球等基本動作練到純熟，接著把這些個人基本動作融入團隊中，然後不斷地練習。

個人練習和團隊練習有以下共通點。首先在沒有對手的情況下，將基本重點練至熟稔即可。其次是加入練習對手，但不需太過積極地進行激烈的攻防。最後就是和對手一起進行比賽，讓球員適應真實比賽的情況。依此順序來做練習，應該是比較基本的做法。

此外，除了練習進攻的基本技巧，防守的基本技巧也不容忽視。防守練習其實和進攻一樣，先在沒有對手的狀態下熟習基本動作，接著加入練習對手，讓球員適應實戰情況。

在前一頁中也曾經提到，教練在練習前一定要很清楚練習的項目是要用在比賽中的哪個部份。所以就算是球員進行個人練習時，也要非常清楚目的為何，並注意各項技巧的比重，調整出適合目前球隊程度的練習課程表。

進攻或防守	
●**進攻練習** 替己方球隊得分的練習	●**防守練習** 防止對方得分的練習

個人或團隊	
●**個人練習** 磨練投籃、運球、傳球等個人技巧的練習。個人技巧若不夠正確純熟，就無法對球隊做出貢獻。	●**團隊練習** 包含團隊進攻、團隊防守等提高團隊戰力的練習。可與個人練習同時進行。

有無練習對象		
●**無練習對象** 在初學該技巧的階段，以學會該基本動作為練習目的。	●**加入練習對象** 接在無練習對象後的進階型練習。進行時不需過於積極。	●**模擬實戰練習** 與正式比賽相同強度的攻守練習，雙方都需全力以赴。

※以下僅為參考用，實際的練習需配合球隊程度及當時環境做出適當調整

項目	目的	時間	具體內容	備註
暖身運動	跑步與伸展操可以熱身，防止受傷的情形發生，同時也能藉此提高基本體能。	約20分鐘	跑步／約5分鐘	
			包含屈伸及轉動頭手等簡單的伸展運動／約5分鐘	請參考方法No.154～175（P.214～224）
			衝刺練習等／約10分鐘	請參考方法No.198～201（P.236～237）
個人防守步伐練習	練習各種防守腳步，熟悉防守的基本動作	約10分鐘	滑步 方法073（P.110）	同時也可暖身
			側跑 方法074（P.111）	
			綜合運用（1對1） 方法076（P.113）	
個人運球練習	學會基本的運球動作	約10分鐘	換手運球 方法046（P.78）	此為初階的基本動作，也可以參考方法026～041（P.64～71）的控球方法
			內外換手運球 方法047（P.79）	
			全場1對1 方法054（P.86）	
個人傳球練習	學會傳球的基本動作及傳球前、後的動作	約10分鐘	往球運方向趨近的對向傳球 方法058（P.97）	若球員尚不具備正確的傳球姿勢，請進行更為基本的對傳練習
			前後移動的對向傳球 方法059（P.97）	
			往球運方向移動的三角傳球 方法063（P.101）	
個人投籃練習	學會基本的投籃技巧	約10分鐘	左方接球上籃 方法016（P.48）	若球員的投籃基本姿勢尚未固定，可參考方法001～006（P.32～35）進行個人的基本動作練習
			右方接球上籃 方法017（P.48）	
			中距離投籃 方法011（P.39）	
個人防守練習	學會抑制對方進攻的防守方式	約15分鐘	無持球狀態的1對1練習 方法080（P.117）	從防守持球者，進階到干擾其傳球路線，使其無法接球
			針對移動進攻方的阻絕防守 方法084（P.122）	
			低位阻絕防守 方法085（P.123）	
團隊傳球與投籃練習	學會與隊友合作，類似實戰的基本攻擊方式	約15分鐘	兩人傳球 方法070（P.105）	因為需要全場奔跑，所以也可以訓練球員的體能
			三人傳球 方法071（P.105）	
			3人小組快攻 方法127（P.183）	
團隊進攻練習	學會己方有進攻人數優勢時的得分方式	約10分鐘	3打2加1（二） 方法134（P.189）	若球員在技術及體力上有困難時，可先進行半場的3打2練習
分組練習比賽	透過實際比賽活用所學技術。同時教練也可從中發現需加強的練習項目。	約20分鐘	與正式比賽的人數相同（5對5），時間可縮減成一節5分鐘，共四節	可依球隊狀況適當分配上場球員
收操運動	避免練習的疲勞留到隔日	約10分鐘	慢跑／約5分鐘	
			包含屈伸及轉動頭手等簡單的伸展運動／約5分鐘	請參考方法No.154～175（P.214～224）

☐ =無練習對象的練習　☐ =加入練習對象的練習　☐ =模擬實戰練習

023

Case2： 以增進球隊實力為目標

※以下僅為參考用，實際的練習需配合球隊程度及當時環境做出適當調整

項目	目的	時間	具體內容	備註
暖身運動	跑步與伸展操可暖身，防止受傷的情形發生，同時也能藉此提高基本體力。	約20分鐘	跑步／約5分鐘	
			包含屈伸及轉動頭手等簡單的伸展運動／約5分鐘	請參考方法No.154～175（P.214～224）
			衝刺練習等／約10分鐘	請參考方法No.198～201（P.236～237）
個人防守步伐練習	練習各種防守腳步，熟悉防守的基本動作	約10分鐘	滑步　方法073（P.110）	同時也可暖身
			側跑　方法074（P.111）	
			側跑及滑步　方法075（P.112）	
個人傳球練習	學會傳球的基本動作及傳球前、後的動作	約10分鐘	四角傳球　方法066（P.103）	徹底讓球員的身體習慣傳完球後的移動動作
			四角傳球（趨前防守）方法067（P.103）	
			密西根傳球　方法065（P.102）	
個人運球與投籃練習	徹底學會如何自籃框附近運球後投籃	約10分鐘	S形運球後投籃　方法052（P.84）	在使用三角筒練習時，可試著改變三角筒的位置以增加練習的變化性
			45度過人後投籃　方法053（P.85）	
			1對2　方法055（P.87）	
團隊進攻練習	學會當己方有進攻人數優勢時的得分方式	約10分鐘	3打2加1（二）方法134（P.189）	此練習可同時培養球員整體的能力
			罰球　方法005（P.34）	為了讓球員保持一定的緊張感，可規定球員罰進後才可以休息
團隊進攻練習	讓球員習慣如何與隊友配合後得分	約20分鐘	強邊切入　方法107（P.158）	請在決定當日練習主旨，譬如兩人小組進攻體系或團隊防守等之後，進行反覆練習
			弱邊切入（走後門）方法108（P.159）	
			傳切　方法135（P.192）	
			傳切之後走後門　方法136（P.193）	
			傳球&掩護　方法137（P.194）	
團隊防守練習	徹底學會團隊防守的方式	約10分鐘	幫忙還原　方法141（P.200）	
			包夾補防　方法142（P.201）	
團隊防守練習	模擬實際比賽的情況，適應比賽時防守的強度	約10分鐘	半場4對4攻防練習　方法149（P.208）	也可做為進攻時的練習
分組練習比賽	透過實際比賽活用所學技術。同時教練也可從中發現需加強的練習項目。	約20分鐘	與正式比賽的人數相同（5對5），時間則可縮減成一節7分鐘，共三節	可依球隊狀況適當分配上場球員
收操運動	避免讓練習的疲憊留到隔日	約10分鐘	慢跑／約5分鐘	
			包含屈伸及轉動頭手等簡單的伸展運動／約5分鐘	請參考方法No.154～175（P.214～224）

☐＝無練習對象的練習　☐＝加入練習對象的練習　☐＝模擬實戰練習

第1章
投籃
Shoot

籃球是一項得分機會相當多的運動。
由於投籃的機會多，
所以其成功率往往能左右球賽的勝敗。
請勤加練習這項能決定比賽勝負的技巧。

技術解說 未持球時的基本站姿

臉
確實抬起頭（注視前方）好隨時能確認球場情況

重心
將身體重心放在接近兩腳中心的位置，以便能隨時做出各種動作

站姿
雙腳距離不可太寬也不可太窄，需與肩同寬

左側欄：投籃　運球　傳球　防守　籃板　1對1個人技術　小組配合　團隊進攻　團隊防守　基礎體能訓練

技術解說 彎腰抬頭

　　在開始持球練習前，首先要學會所有基礎技術的基本姿勢。我常在比賽中看到球員有球在手時拚命奮戰，可一旦無球在手便像根木頭似地呆站在哪兒。要是養成這種習慣，將會導致重心無法轉移，使得動作變得遲緩。所以請球員隨時警惕自己，應該在任何時候都保持抬頭、雙腳與肩同寬的基本姿勢，以能快速應對場上的各種情況。

▶▶▶ 基本站姿的重點

POINT
1

切記不可駝背，或把背伸得太直。

將膝蓋微微彎曲，採取適當的前傾姿勢。

背
不可駝背，或把背伸得太直

雙手
將手肘以自然的角度彎曲，以隨時能接球

膝蓋
膝蓋微微彎曲，以隨時能做出任何動作

 解說

將膝蓋彎至超過腳趾前方

這個姿勢不僅是攻擊時應採取的基本姿勢，同時也是防守時的基本姿勢（請參考P.108），是籃球基本功當中相當重要的一環。

我們得讓身體的重心處於隨時能展開行動的位置，但要注意不可讓膝蓋過於彎曲，膝蓋不要彎至超過腳趾太多即可。髖關節若過於僵硬，會導致這個姿勢難以維持，因此應該透過伸展運動等熱身動作，擴展髖關節的可動區域。

此外，駝背或是把背伸得太直都是不好的。所以應盡可能使用腹肌的力量，來維持這樣的姿勢。

STEP BY STEP
Basketball

持球時的基本姿勢
將球放置胸前左右的位置

持球時的基本姿勢與非持球時的基本姿勢重點是一樣的。

為了能隨時做出反應動作，應彎腰，將身體重心放至雙腳的中心位置，然後膝蓋微微彎曲。當然，也別忘了將頭抬起。此外，為了方便能隨時做出投籃或傳球動作，應將球放在胸前左右的位置。

技術解說

立定投籃

站姿

右腳稍稍向前
（右撇子），
雙腳距離與肩
同寬

球的位置

單手將球舉起
至眼睛以上，
接近額頭的位
置

POINT 1 雙腳張至與肩同寬，輕輕彎曲膝蓋以穩住重心。

POINT 2 維持這樣的姿勢，將球持於頂上。

技術解說 ## 重點在於固定自己的投籃姿勢

　　將雙腳固定於地板上投籃的方式，我們稱之為立定投籃。這是一項罰球或是無人防守時經常使用的投籃方式。在比賽中提升這種投籃命中率的關鍵在於，需固定自己的投籃姿勢。所以必須不斷練習至能以一定的節奏進籃為止。

　　此外，立定投籃也可以使用「雙手投籃（P.58）」的方式。

手肘

將投籃的慣用手手肘移動至球的下方

POINT 3

運用全身的力量將球往上帶，並透過單手將力量傳至球上。

手腕

充份使用手腕的力量將球彈出，使球產生後下旋的軌跡

POINT 4

球離手後，暫時保持相同的姿勢不動。

STEP BY STEP

Basketball

提高罰球命中率的關鍵

不慌不忙地以自己的節奏投籃

立定投籃最代表性的使用時機，莫過於罰球的時候了。罰球是比賽中唯一可以在無人防守的情況下輕鬆投籃的機會。此時得好整以暇地面對這個機會，務求提高投籃的準確度。

因此，罰球前是否能讓自己放鬆，將成為關鍵中的關鍵。罰球前可先輕輕地將球拍幾下，然後穩住下半身的重心後將球投出。

投籃

運球

傳球

防守

籃板

1對1個人技術

小組配合

團隊進攻

團隊防守

基礎體能訓練

技術解說 跳投

站姿
膝蓋微彎，穩住重心，以便做出躍起動作

POINT **1** 和立定投籃一樣
先將膝蓋彎曲後，穩住重心。

跳起的方向
朝正上方跳起。基本上着地時雙腳要回到跳起時的位置

POINT **2** 上半身維持相同的姿勢
往上跳。

技術解說 跳到最高點時將球投出

以立定投籃（P.28）的姿勢跳起投籃，稱之為跳投。這項技巧的重點在於需在跳至最高點時將球投出。由於投籃的出手點高，對手較不易封阻，因此是比賽中經常使用的投籃技巧。

不過，因為使用這項技巧時必須躍至空中，所以身體較不易保持平衡，這點要注意。另外，練習時必須假想前方有對手在防守，然後勤加練習。

指尖
投籃時指尖的感覺相當重要。要有球是從指尖彈出去的感覺

POINT 3 在跳到最高處時將球投出。

手腕
充份使用手腕的力量將球彈出，使球產生後下旋的軌跡

POINT 4 運用手腕的力量將球彈出。
着地時應回到原本躍起時的位置。

STEP BY STEP

跳投的關鍵

Basketball

朝正上方跳起後，着地時需回到原來的位置

　　跳投時的基本跳法，是垂直往上跳躍後，着地時需回到原來的位置。一旦熟練之後，當然也可以用後仰跳投的方式向後跳，或以橫移跳投的方式來甩開對方的防守。不過要確實記住的是，這些都只是跳投的應用性技巧，在垂直起跳的跳投命中率未臻完美之前，若貿然進行這些應用性技巧的練習，將會養成不好的習慣，形成本末倒置的局面。

投籃

運球

傳球

防守

籃板

1對1個人技術

小組配合

團隊進攻

團隊防守

基礎體能訓練

投籃

 難易度 ★★★★★

 人數　1人～
地點　任何場所皆可

方法 001　朝上方投籃

目的　投籃的基本在於使球向後旋，以求出手後的球彈道穩定。在利用籃框做投籃練習之前，可以先試著熟悉將球往上投，使之後旋的感覺。

程序

①將球往自己的頭頂上方投出。

②抓住落下的球後，再次將球往上方投出。

教練筆記 MEMO　首先，手指垂直握住籃球的縫線處，然後想辦法讓球向後下方旋轉。球投出後，記得讓手指暫時保持出手後的狀態。

投籃

 難易度 ★★★★★

 人數　1人～
地點　任何場所皆可

方法 002　仰躺練習

目的　此練習的目的與方法001相同，主要是為了讓球員熟悉利用手腕使球後旋的感覺。因為僅用手來練習，所以能將重點集中在手腕上。

程序

①採取仰躺的姿勢，將球往上方投出。

②抓住落下的球後，再次將球往上方投出。

教練筆記 MEMO　如果球投出後未落回手上，表示球沒有被垂直地向上投出。練習時請隨時注意球是否有往正上方投出。

投籃

方法 **003**

籃下投籃

👤人數 1人～

📍地點 籃下

目 的 >> 練習最容易進球的方式，也就是在籃下附近做立定投籃（P.28）。這是固定投籃姿勢以及提高投籃命中率最基本的練習之一。

程序
---

①在籃下持球。

②正確地做出立定投籃動作。

📋教練筆記 **MEMO** 　不可讓球以打板的方式投進，此練習的重點在於讓球以不碰到籃框的方式畫出弧線空心入網。

投籃

方法 **004**

中距離投籃

👤人數 1人～

📍地點 中距離處

目 的 >> 以既定的投籃姿勢，將投射的距離拉長。

程序
---

①先選擇籃下附近練習以提高命中率。

②確定在籃下附近都能將球投入後，可像左方照片一樣往後退一步做練習，之後再漸漸地將投射距離拉長。

📋教練筆記 **MEMO** 　練習時請注意必須從命中率較高的距離開始，採取固定的投籃姿勢練投。之後，再一點一點地增加練投的距離。

運球

傳球

防守

籃板

1對1個人技術

小組配合

團隊進攻

團隊防守

基礎體能訓練

投籃

難易度 ★★★★★

方法 **005** 罰球

人數 1人～

地點 罰球線

目 的 習慣緊張感，學會調適節奏，提高罰球的命中率。

練習面臨比賽中重要的罰球。
看著籃框，試著調整自己的節奏。

眼睛盯著籃框，以自己的節奏出手。

程 序

① 在罰球線上持球。

② 以標準投籃姿勢將球投出。

教練筆記 MEMO

為了穩定下來，請試著找出最適合自己的出手節奏。可以將球多拍幾下，或是加長瞄籃的時間。總之，就是找出習慣的節奏後再出手。

建議事項

就算在練習，也要保持跟比賽中相同的緊張感，這一點相當重要。因此教練可以定出若罰不進的話，要折返跑之類的規則，讓球員在罰球時也能保持一定的緊張程度。

投籃

運球

傳球

防守

籃板

1對1個人技術

小組配合

團隊進攻

團隊防守

基礎體能訓練

方法 006 跳投練習

難易度 ★★☆☆☆

👤 人數　1人～

🏀 地點　中距離處

目的

學會跳投（P.30）的第一步。
請試著抓住在跳到最高點時讓球離手的時機。

先持球在原地跳躍數次。

習慣跳躍的感覺後，
抓準適當時間將球投出。

程序

①在籃下正面朝向籃框持球。

②在原地重複跳躍數次後將球投出。

進階練習

若在籃下的命中率已有一定水準，可試著在不讓姿勢變形的前提下逐漸將投射距離拉長。

 教練筆記 MEMO

請確認自己的站姿（雙腳打開的寬度）是否能維持平衡。唯有下半身姿勢穩定，才能筆直地投出球。

建議事項

要隨時注意自己是否正對著籃框。所謂正對籃框，指的是從籃框處劃出的直線，與自己的身體成垂直。

投籃

方法 007 單腳墊步接球後跳投

人數 2人～

地點 任何場所皆可

目的 此為更接近實際比賽情況的投籃練習。
在移動中接球，以單腳着地後跳投。

程序

① 先在靠近籃框的地方練習。移動至欲投籃處，然後接球。

② 左右兩腳皆可，以其中一隻腳着地後，跳投。

在移動中接球。

以單腳着地
（照片中為左腳着地）。

另一隻腳（照片中為右腳）
也着地後，準備跳投。

順著這個動作
將球投出。

教練筆記 MEMO
投籃前最重要的是，確實「做好重心的平衡」並做出正確的跳投動作，不要讓基本動作變形。此外，接球後注意不要將球習慣性地往下擺也是練習重點之一。

建議事項

練習時要能任意使用右腳→左腳，或左腳→右腳這樣的先後順序落地投籃。要是習慣性地以其中一隻腳先着地的話，容易讓敵方判讀出動向，這點必須注意。

難易度 ★★★☆☆

方法
008
雙腳墊步接球後跳投

👥 人數 2人～

🏀 地點 任何場所皆可

目 的
左頁的單腳墊步接球後跳投為單腳先着地，而此雙腳墊步接球後跳投則為雙腳同時着地。雙腳着地後需確實將身體穩住，不可讓身體往前傾。

在移動中接球。

雙腳同時着地。

程 序

①先在靠近籃框的地方練習。移動至欲投籃處，然後接球。

②雙腳同時着地後，跳投。

着地後準備跳投。

順著這個動作將球投出。

教練筆記
MEMO

單腳墊步接球後跳投的好處是可以在自然跑動下順暢地接球，但由於先着地的腳一定會成為投籃動作的軸心腳，所以比較不容易離開地板。相對的，雙腳墊步接球後跳投因為比較要求彈跳本身的動作，由於彈跳前是雙腳着地，所以無論哪隻腳都可以成為軸心腳。請在練習時試著模擬任何場上的狀況，勤加練習。

投籃

方法 009 自己拋接球後跳投

人數 1人～

地點 中距離處

目的

此為就算沒有隊友協助，也能夠一個人練習的投籃動作。
請確實做好投籃前的接球動作，以及之後的跳投動作。

將球後旋後輕輕往上拋，讓球在地板上反彈回來。

身體趨前接球。

程序

①先在靠近籃框的地方練習。自己將球拋出，讓球反彈回來。

②朝球的方向靠近接球後，跳投。

接球後準備跳投。

順著這個動作將球投出。

教練筆記 MEMO

將球後旋後再拋出，球會比較容易回到自己手上。請在假想前方有防守球員的情況下練習。

建議事項

投籃，是一種球員自己個別練習就能提升程度的技術。請盡量編排出多樣化的個人投籃練習項目，讓球能夠多多進行自主性的練習。

方法 010

籃板&投籃

人數 2人～

地點 半場處

目 的 從正面接球後投籃。

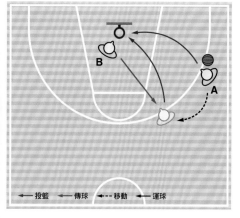

← 投籃　← 傳球　←--- 移動　← 運球

程 序

①A投籃。

②B將投籃後的球撿起。

③趁此空檔，A往下個投籃點移動。

④A接到B的回傳後，再次投籃。

> **教練筆記 MEMO**
> 傳球的人在將球傳回給投籃者時，要注意別太用力。此練習相當接近實際的比賽狀況，所以請規定投籃時間和進球數後，集中練習。

投籃

方法 011

中距離投籃

人數 5人～

地點 半場處

目 的 從側面接球後投籃。

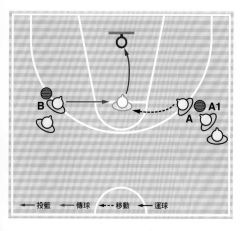

← 投籃　← 傳球　←--- 移動　← 運球

程 序

①A往罰球線附近移動。

②B配合A的動作，適時將球由側面傳出。

③A在接球後投籃。之後，前往籃下撿球，並往反方向（B的位置）移動。

④接著輪到B往罰球線附近移動，然後接A1的傳球後投籃。如此循環進行。

> **教練筆記 MEMO**
> 請記得接到傳球後要穩住身體再投籃。練習時必須注意隨時正對籃框，依此反覆練習。

投籃

方法 012 V形移位投籃

人數 2人～

地點 半場處

目的 以V形移動後，抓準時機投籃。

程序

①B於弧頂持球。

②想像前有防守球員，A自兩翼處開始以V形（如圖示）往禁區移動，然後快速往外圍接應球。

③B將球傳給A。

④A接到B的傳球後，自兩翼處投籃。

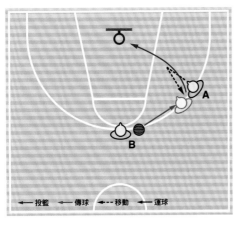

◄─投籃 ◄─傳球 ◄--移動 ◄─運球

教練筆記 MEMO

這是一種假設前方有防守球員，所以先將對方誘往籃下，然後快速的往外圍走位，製造出傳球空間，再拉到外圍接球投籃的練習。在引誘防守球員往籃下移動時，動作可先緩慢，等到要拉出外圍投籃時再突然加快移動速度讓對方措手不及，然後再投籃。

投籃

方法 013 移位跳投

人數 2人～

地點 半場處

目的 拉開與防守者的距離，尋找適當的投籃機會。

程序

①B於弧頂持球。

②想像前有防守球員，A自兩翼處開始往底線移動，拉開與防守者的距離。

③B將球傳給A。

④A接到B的傳球後，自角落處投籃。

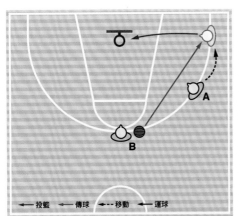

◄─投籃 ◄─傳球 ◄--移動 ◄─運球

教練筆記 MEMO

拉開與傳球者的距離後，當然傳球的距離也會跟著變長。因此傳球者與接球者必須有良好的默契，才能抓住適當的傳接球時機。此方法雖為投籃練習，但傳球者的傳球也務求精準。

投籃

| 方法 | | 難易度 | ★★☆☆☆ |

014 L形移位投籃

目的 以L形移動後，抓準時機投籃。

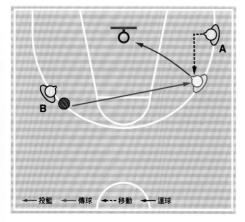

← 投籃　← 傳球　←-- 移動　← 運球

| 人數 | 2人～ |
| 地點 | 半場處 |

程序

①B於兩翼處持球。

②想像前有防守球員，A自底線以L形往禁區開始移動，然後再快速往三分線上方移動接球。

③B將球傳給A。

④A接到B的傳球後，自兩翼處投籃。

教練筆記 MEMO　要徹底甩開防守球員的關鍵在於是否提高移動角度的精準度，例如左頁V形投籃的銳角，或是如本練習L形投籃的直角。在變換方向的瞬間，可讓自己的軸心腳重踏地板，已達到快速變換方向的目的。

投籃

| 方法 | | 難易度 | ★★☆☆☆ |

015 迂迴移位投籃

目的 以迂迴方式移動後，抓準時機投籃。

← 投籃　← 傳球　←-- 移動　← 運球

| 人數 | 2人～ |
| 地點 | 半場處 |

程序

①B於兩翼處持球。

②A自籃下開始移動。

③A一邊想像前有防守球員，一邊如圖示以迂迴方式移動。

④A接到B的傳球後，自中距離處投籃。

教練筆記 MEMO　接球前移動時最重要的是，必須一邊變換跑動的速度，一邊以銳角移動。除此之外，最好也能學會以曲線的方式迂迴移動。此種移動方式也常用於掩護防守中。

投籃

運球

傳球

防守

籃板

1對1個人技術

小組配合

團隊進攻

團隊防守

基礎體能訓練

041

技術解說 上籃

雙手
牢牢抓住球，
不要脫手

POINT 1 順著移動的連帶動作
跨出第1步。

踏出第二步
穩健地踏出第
2步，以求能
高高躍起

POINT 2 接著的第2步必須用力地踩下，
才能跳得更高。

技術解說 輕輕將球送入籃框

　　在面對籃框進行跑動攻擊的技巧中，投籃命中率最高的，非上籃莫屬了。上籃時可以數「1」、「2」，以兩拍的節奏重重踩下腳步後，輕輕將球往籃框送。如果無人防守時上籃不進，是很難贏得比賽勝利的。所以請確實提高此項技巧的命中率。

放球
在跳到最高點時讓球離手，一般會利用籃板打板進球

腳順勢上提
為了能高高躍起，另一隻腳的大腿必須盡可能提高

POINT 3 眼睛盯著籃框，將球高高舉起。

POINT 4 在跳到最高點時讓球離手，輕輕將球送入籃框。

STEP BY STEP
Basketball

提高上籃命中率的關鍵在於
有效地利用籃板

　　要提高上籃的命中率，關鍵就在於有效地利用籃板。投擦板球時，基本上要讓球打到籃板上畫的白線或是方框之內。在抓住上籃的感覺之前，必須不斷練習。

　　此外，在練習籃框正面或側面的上籃時，也得學會非擦板進球的技巧。也就是說得讓球從籃框正中央空心入網才行。

技術解說 騎馬射箭

雙手
牢牢抓住球，
不要脫手

POINT 1 順著移動的連帶動作
跨出第1步。

球的位置
踏出第2步的
同時快速將球
向上舉起

POINT 2 重重踏出第2步後，
快速將球舉起。

技術解說 盡早將球舉至高的位置

　　如果在身高比自己高的球員面前勉強上籃（P.42），很可能會被對手給封阻下來。這是因為把球由下往上舉起時，形成了對方最佳的封阻時機。

　　因此球員應該試著學習如何將球盡早舉至高處，並在最高點以投籃的方式，將球投射出去。這樣的技巧稱之為「騎馬射箭」。運球接近籃下後，請試著像跳投一樣下壓手腕將球投進。

空中的姿勢
跟跳投的訣竅相同，單手拿起球後調整成投籃姿勢

POINT
3

單手拿起球，
維持平衡並調整成投籃姿勢。

手腕
將手腕下壓，使球產生後旋作用

POINT
4

在跳到最高點時將球投出，
一般會利用籃板打板進球。

STEP BY STEP
Basketball

騎馬射箭的訣竅
提高投籃點

　　要避免被身高比自己高的對手封阻，這種將投籃點提高的投籃方式是最有效的。除此之外，還可以刻意將球的拋物線拉高來避開對手封蓋。這種技巧稱之為「高拋式投籃」。

　　可以根據對方的防守找出適當時機交互運用騎馬射箭跟高拋式投籃，以避開身高比自己高的對手封阻。

技術解說 反手上籃①

POINT 1 牢牢抓住球，不要脫手。

POINT 2 重重踏出第2步後將球舉起。

POINT 3 閃過籃框後將球輕輕放入籃框。

技術解說 閃過籃框後的投籃

　　基本上，投籃時一定是面向籃框。但比賽時有可能出現必須背向籃框投籃的情況，這時，最有效的投籃方式就是反手上籃。

　　此技巧也經常用於場上，一般來說是沿著底線運球經過籃框後，再做出上籃動作。

　　除了需運球經過籃框後再出手之外，此技巧的基本訣竅與上籃（P.42）相同。必須在跳躍至最高點時，輕輕地將球放入籃框中。

STEP BY STEP
Basketball

反手上籃的訣竅
依場上形勢決定

　　由於上籃是籃球場上最常使用的技巧，所以理所當然的，防守方也會針對此技巧予以封阻。而避開上籃封阻的最佳技巧，就是利用籃框做一個阻隔，然後做出反手上籃。基本上，球員要在跳躍至最高點時讓球離手，所以上籃前仔細判讀對方的防守動作及位置是非常重要的。練習時，球員必須模擬各種場上可能發生的狀況，以期在遇到相同情況時能熟練地做出此動作。

技術解說 反手上籃②

投籃的手
一般來說會
用非慣用手
投籃

POINT 1 牢牢抓住球，踏出第1步。

POINT 2 重重踏出第2步後將球舉起。

POINT 3 閃過籃框後將球輕輕放入籃框。

技術解說 閃過籃框後的投籃

　　這是另一種反手上籃方式。基本動作是數「1」、「2」以兩拍的節奏重重踩下腳步，接著閃過籃框在跳躍至頂點時輕輕放球，基本上跟左頁的反手上籃一樣。不同的是，要用另一隻手來上籃。用另一隻手上籃除了比較不容易讓上籃動作變形之外，以非慣用手投籃也可以增加投籃的難度。基本上我們希望球員能針對手腕的柔軟度勤加練習，讓非慣用手也能像慣用手一樣運用自如。

STEP BY STEP
Basketball

反手上籃的訣竅
基本上希望兩手都能運用自如

　　像上籃或是反手上籃這種跑動型的投籃技巧，最好能達到百分之百的命中率。因此球員必須盡可能地避開對方的防守，投進這些必進球。

　　要做到這點，必須讓左右手都能運用自如。因為如此就能根據場上的形勢自由決定該用哪隻手投籃，增加放球點的變化，讓防守者難以捉摸。此練習的目標為不管用哪隻手，都能在靠近籃框的位置將球投進。

投籃

方法 **016**

左方接球上籃

難易度 ★★★★★

人數　2人～

地點　半場處

目的　接到來自左方的傳球後上籃。

程序

①B於弧頂持球。

②A自中線附近開始移動。

③A在兩翼處接到B的傳球後，以最少的運球至籃下取分。

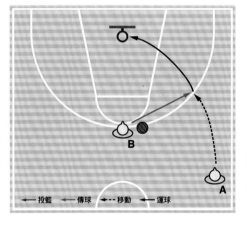

← 投籃　← 傳球　←--- 移動　← 運球

教練筆記 MEMO

此基本練習不僅適用於一般練習，也可在比賽前採用。往籃框方向起跑後接球上籃這樣的練習可以當作暖身運動。練習時可慢慢地增加進行的速度。

投籃

方法 **017**

右方接球上籃

難易度 ★★★★★

人數　2人～

地點　半場處

目的　接到來自右方的傳球後上籃。

程序

①B於角落處持球。

②A自中線附近開始移動。

③A在兩翼處接到B的傳球後，以最少的運球至籃下取分。

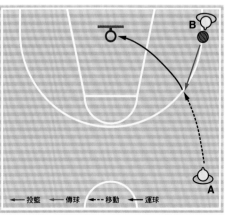

← 投籃　← 傳球　←--- 移動　← 運球

教練筆記 MEMO

雖然把此練習歸類成另一項方法，但其實做了左方接球投籃的練習後，原則上應該也要做右方接球上籃。因為接球方向不同，接球瞬間的姿勢與腳步也會跟著不同。要注意的是別只是在球場的一側做此練習，也要在球場的另一側做。

方法 018　正面運球上籃

難易度 ★★★☆☆

人數　1人～

地點　半場處

目的 不用打板的方式，正面上籃將球挑進。

程序

①在弧頂持球。

②朝籃下運球上籃。

教練筆記 MEMO
從側面上籃時，打板比較容易進，但正面上籃時，如果以打板的方式投籃，將會使球的勁道過強，反而容易失手。所以正面上籃時，最好以挑籃的方式，讓球在籃框的正上方，使其空心進網。

方法 019　自底線角落處運球上籃

難易度 ★★★☆☆

人數　1人～

地點　半場處

目的 不打板，自底線角落處運球上籃。

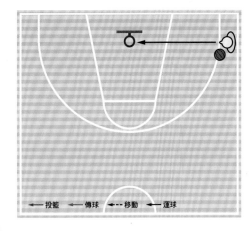

投籃　傳球　移動　運球

程序

①在底線角落處持球。

②朝籃下運球上籃。

教練筆記 MEMO
自球場底線角落處往籃框方向移動時，因為與籃板成平行角度，所以比較難打板進球。故進行此練習時也應該盡量以挑籃的方式，讓球在籃框的正上方，空心進網。

技術解說 要位後轉身跳投

POINT 1

將防守者（白色球衣者）卡在身體後方後，要球。

接球者
將防守者確實地卡在身後，穩穩接住傳球

POINT 2

接到球後用餘光及肩膀確認防守者的位置。

接球後的動作
接到球後用肩膀確認防守者的位置

技術解說 確實做好轉身動作後再出手投籃

　　選擇靠近籃框的位置出手固然命中率高，但相對地防守方的防守也會趨於嚴密。因此必須不懼身體碰撞地將防守者確實卡在身後，以取得較佳的進攻位置。

　　卡住要的位置並接到己方的傳球後，接著必須用餘光及肩膀確認防守者的位置。這時如果判斷可以直接投籃，就將欲轉方向的軸心腳向後拉，做出轉身動作。若原本欲轉身的方向遭到阻礙，則可如照片中所示般快速朝反方向轉身，做出投籃動作。

POINT
3

若想轉身的方向感覺有人防守時，可朝另一個方向轉身。

轉身
根據臨場狀況甩開防守者做轉身動作。請記住軸心腳不可移動

軸心腳

POINT
4

甩開對方的防守後跳投。

投籃姿勢
建議使用基本的跳投動作。為了提高命中率，請確實甩開對方的防守後再跳投

STEP BY STEP
Basketball

什麼是禁區單打
萬一情況有變，也可選擇傳球

　　在禁區線附近背對籃框接球後做攻擊動作稱之為「禁區單打」。同樣是禁區單打，若是在籃框附近，稱之為低位單打，若在罰球線附近，則稱之為高位單打。卡到位置後如能立刻進行攻擊當然是最好，但勉強進攻卻絕非好事。有時在卡到位置後把球傳出，讓球輪轉後再進行攻擊反而會讓攻擊更加順暢，所以根據場上的情況做出正確判斷是非常重要的。

技術解說 要位後勾射

POINT 1

將防守者（白色球衣者）卡在身體後方後，要球。

接球者

將防守者確實卡在身後，穩穩接住傳球

POINT 2

接到球後用餘光及肩膀確認防守者的位置。

接球後的動作

接到球後用餘光及肩膀確認防守者的位置

技術解說 利用勾射來對付身高較高的防守球員

在籃下投籃的時候，為了不讓對手蓋火鍋，必須讓手上的球離對手越遠越好，而當中其中一項技巧就是「勾射」。接球後確認防守者動向的基本動作與「要位後轉身跳投」（P.50）相同，之後必須運球，然後用側身的姿勢單手勾射。勾射姿勢的重點在於必須將手肘完全伸直，然後用手腕使球產生後旋。這種勾射動作用來對付身材高的對手相當有效。

POINT 3

可轉身投籃，若原先欲轉身的方向有人防守時，則可如圖示般朝另一個方向轉身後運球。

運球
雙腳蹲低，運球時球的落點在兩腳中央處

軸心腳

POINT 4

側身用離籃框較遠的那隻手投籃。

勾射姿勢
籃下的標準勾射動作是將手肘伸直後，利用手腕的後旋動作將球投入籃框

STEP BY STEP
Basketball

勾射的種類
也可邊跑邊投

　　勾射技巧中，除了在籃下垂直往上跳的基本勾射之外，還有一種跨大步後邊跑邊投，稱之為「Running Hook Shot」的技巧。雖然跨大步之後可以甩開防守球員，但相對的身體也容易失去平衡，導致命中率下降。所以，一開始必須先學會垂直起跳的勾射動作，待練習至有一定的命中率後，再向跨大步的勾射動作挑戰。

投籃

難易度 ★★★★★

方法 020
籃下正面連續投籃

人數 1人～

地點 籃下

目 的　主要目的為在近距離內確實將每一顆球投進。
球員需透過連續練習，學會加快投籃速度。

程 序

①在籃下投籃。

②撿起落下的球，接著立刻再次投籃，如此不斷重複。

教練筆記 MEMO　教練需規定投籃的次數和時間，讓球員進行集中式的練習。練習時再容易不過的進球，一旦到了實戰場地卻常常投不進。所以練習時務必要一球一球確實練習，以求在比賽時能百發百中。

投籃

難易度 ★★★★★

方法 021
籃下反手投籃

人數 1人～

地點 籃下

目 的　快速地在近距離內反身將球投進。

程 序

①在籃下反手投籃。

②撿起落下的球，接著立刻再次反手投籃，如此不斷重複。

教練筆記 MEMO　可以左右手開弓是相當重要的。此外，除了連續反手投籃的練習之外，也可以交互練習跳投和反手投籃。

方法 022	籃下勾射

👤 人數　1人～

🏀 地點　籃下

目 的

以快速動作，
提高近距離的勾射命中率。

程 序

①在籃下勾射。

②撿起落下的球，接著立刻再次勾射，如此不斷重複。

教練筆記 MEMO

除了連續練習勾射動作之外，也可以交互練習跳投和反手投籃。此外，能左右手開弓是相當重要的。

方法 023	球不進後的跟進籃板

👤 人數　1人～

🏀 地點　中距離處

目 的

實際的比賽中，出手的球員必須在出手後立刻爭奪籃板球。如果能在平常的練習中養成這種習慣，比賽時身體就會反射性地爭奪籃板。

程 序

①在各種角度和距離跳投。

②投籃後假想球沒有進，立刻到籃下搶籃板球。如此不斷重複。

教練筆記 MEMO

投籃後「假想」球沒有進而立刻採取跟進籃板的動作固然重要，但如果太急著要去搶籃板的話，身體會失去重心，影響投籃命中率。請做完完整的投籃動作後，再接著做跟進搶籃板的動作。

投籃

運球

傳球

防守

籃板

1對1個人技術

小組配合

團隊進攻

團隊防守

基礎體能訓練

方法 024 撿球後投籃

難易度 ★★★★★

人數 4人～

地點 籃下

目的 腰蹲得太高的話,在與對方身體接觸時容易落居下風,所以比賽中務必記得把腰蹲低。隨時注意把腰彎低,也有助於儲備投籃前的爆發力。

讓球員在籃框正下方準備,開始後請球員將置於籃框左右處的球撿起。

撿起球後立刻調整姿勢投籃。

投籃後立刻將置於反方向的球撿起。

撿起球後立刻投籃。

----- 程序 -----

①在籃下左右處各放置一顆球。

②球員將球撿起後跳投。

③投籃後立刻朝置於另一端的球跑去,撿起後投籃。

④這段期間內,其他幫忙練習的球員要將球放回原處。

教練筆記 MEMO 本方法除了可磨練球員的投籃技巧外,更可鍛鍊球員的體力。所以在設計練習內容時,可訂定例如要連續進十球才可以休息的規則,讓球員進行集中式的練習。此外,為了不破壞球員投籃的節奏感,其他負責幫忙的球員或教練要立刻將球放回原位。

NG 被委以籃下重任的高個球員通常較不易維持將腰蹲低的姿勢。特別是疲累時,要維持半蹲相當吃力。但如果站得太直,跟對方身體接觸時會吃大虧,這點要注意。

難易度 ★★★★★

方法 025 撿球後跨步運球投籃

👤 人數 　4人～

📍 地點 　籃下

目 的　讓球員隨時注意將身體蹲低以應付有可能的身體接觸，
並讓球員習慣拿起球後運球投籃的連貫動作。

讓球員在籃框正下方準備，
開始後請球員將球撿起。

撿起球後立刻在張開的
雙腳中央處下球。

調整姿勢後投籃。

投籃後立刻去撿另一側的球。

程 序

① 在籃下左右處各放一顆球，讓練習的球員去撿。

② 球員將球撿起後先重重往下拍一下。

③ 調整姿勢後投籃。

④ 投籃後立刻去撿另一側的球。

⑤ 這段期間內，其他幫忙練習的球員要將球放回原處。

教練筆記 MEMO

　將握在兩手上的球先重重地往下運一次球的技巧稱之為跨步運球。此技巧的訣竅在於必須在張開的雙腳之間下球。如果要用單手運球也可以，但記住要以最少的運球次數來完成投籃的連貫動作。

進階練習

　可以讓球員先做個投籃的假動作後，再將身體轉向籃框投籃。如果能將腳步的步法跟各種投籃技巧做個排列組合的話，將可以使練習更加多樣化。

投籃

運球

傳球

防守

籃板

1對1個人技術

小組配合

團隊進攻

團隊防守

基礎體能訓練

技術解說 **雙手投籃**

準備動作
張開雙腳至與肩同寬，在胸前用雙手確實將球抓牢

動作
用雙手將球從胸前的位置往上舉。上舉時要盡量垂直，若斜的往上舉將會讓球道偏離

POINT 1　穩住重心，將球拿在胸前附近。

POINT 2　用雙手將球往上舉。

技術解說 **請確實將手腕下壓，使球產生後旋效果**

　　單手將球投出的投籃姿勢稱之為「單手投籃」，而用雙手將球投出的姿勢則稱之為「雙手投籃」，因為其姿勢是將球由胸前投出，所以也稱之為「胸前投籃」。

　　因為是由雙手傳達力量，所以即使球員的手勁較弱，也能夠輕鬆地將球送至籃框。利用此種投籃方式時，請注意力量要平均分攤至雙手，不可讓其中一隻手的力量偏大，且記得確實將手腕下壓，使球產生後旋效果。

離手
將球舉至額頭
正上方時,讓
球離手

手腕
手腕下壓,使
球產生後旋效
果

POINT 3 眼睛盯著籃框,將球拋出。

POINT 4 球投出後,記得讓手指暫時保持出手後的狀態。

STEP BY STEP

Basketball

雙手投籃的訣竅
穩住身體的重心

　　雙手投籃的基本動作是將球放在胸前,然後把球往上拋出,因投籃前的持球位置較單手投籃來得低,所以相對地也比較容易遭對手封蓋。因此要雙手投籃時,最好盡可能地將球舉至超過額頭再出手,用提高出手點的方式來避開對方的封阻。學會基本動作後,可模擬真實比賽的情景,盡量提高自己的出手點。

運球

傳球

防守

籃板

1對1個人技術

小組配合

團隊進攻

團隊防守

基礎體能訓練

用語解說②

場上位置的專有名詞

籃球是一種5人1隊的競技運動，當中會依不同的攻防任務而分配不同的位置。不過，籃球的攻防位置並不像棒球般固定，它可依場上的情勢而做出改變。雖然如此，我們還是應該了解各個位置代表的意義，才能對籃球有更進一步的認識。

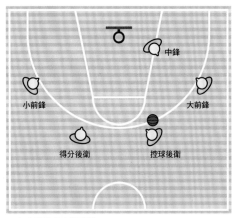

●**主攻外線的攻擊陣勢**
主要透過外圍的傳導進行攻擊，可讓攻擊面變廣

●**主攻內線的攻擊陣勢**
常用於有兩名長人以上的隊伍，此陣勢較易由內線展開攻勢。

●**控球後衛（PG）**
也稱之為1號位置，是負責控球並組織攻擊的司令官。擔當此位置的球員必須在運球及傳球等基本技術上優於其他位置的球員，並具備寬闊的視野以及敏銳的即時判斷力。

●**得分後衛（SG）**
也稱之為2號位置，主要負責外圍投籃及切入籃下取分等攻堅任務。此位置通常會讓外圍投射能力較佳的球員擔任。

●**小前鋒（SF）**
也稱之為3號位置，主要的任務與得分後衛相同，為外圍投籃及切入籃下取分等攻擊的主力。比起得分後衛，此位置的球員較需負擔籃下的攻防責任，因此通常由多功能型的球員來擔任。

●**大前鋒（PF）**
也稱之為4號位置，主要任務在於負責籃下取分以及籃板球的控制，通常由彈跳力等運動能力較佳的球員擔綱。此位置的球員同時也要懂得如何選擇站位，以讓己方中鋒能發揮籃下戰力。

●**中鋒（C）**
也稱之為5號位置，主要任務為籃下取分，以及內線的防守工作，通常由隊中個子最高的球員擔綱。除了籃下的得分能力之外，優異的籃板能力也是不可或缺的。

第2章
運球
Dribble

運球是能夠打開進攻局面的最佳武器，
其中的技巧非常多樣化。
球員必須好好培養運球的手感，
以期能應用於球場上的各種情況。

技術解說 控球

視線
眼睛直視前方，確保寬闊的視野

球的動向
利用手腕和手指，輕輕地將球撥往左手

節奏
左手接到球後，立刻將球撥往右手，按照一定的節奏不斷重覆此動作

技術解說 控球不可或缺的要素

　　所謂「控球」指的是讓手習慣球，並能隨心所欲地讓球移動到自己想要的位置。此為進行運球、投籃及傳球等處理球的動作時不可或缺的一項重要基礎動作。本章所介紹的練習方法包括一些平常比賽中較少用到的動作，像是上圖中左右手的撥球練習等，可透過這樣的練習讓手熟悉球的觸感，進而增加控球能力。

▶▶▶ 控球練習的重點①

POINT
1

手指張開持球，讓球能牢牢掌握在自己手中。

 張開手指持球

解說

控球時張開手指是基本中的基本，因為這麼做才好控制球，並牢牢地將球給抓住。如果手指沒有張開，將導致控球不穩，如此一來只要防守方輕輕一撞，球就會掉落形成失誤。

▶▶▶ 控球練習的重點②

POINT
2

坐著練習。

 讓自己能以任何姿勢做控球練習

解說

控球練習也可以在輕鬆的氣氛下做。不只可以站著，也可以試試坐著，重點是讓手能長時間接觸到球。所以無論是坐著或是休息時，都可以做這樣的練習。

▶▶▶ 控球練習的重點③

POINT
3

做控球練習時嚴禁低頭。

 嚴禁低頭練習

解說

經常眼觀四面確保寬闊的視野，是一名優秀球員的必要條件之一。在做控球練習時最好能將頭抬起不看球，一邊觀察四周一邊做。其中嚴禁低頭練習。平常練習時請注意千萬不要這樣做。

控球 　　　　難易度 ★★★★★

方法 026 腰部繞環

👥 人數　1人〜
📍 地點　任何場所皆可

目 的　運球前的基本練習，讓手習慣控制球的感覺。

程序

①正面持球。

②將球繞著腰部轉。

教練筆記 MEMO　記得讓球員面向前方，在不看球的情況下進行此練習。可慢慢地增加轉球速度，在進行一定次數後，可換反方向。

控球 　　　　難易度 ★★★★★

方法 027 頭部繞環

👥 人數　1人〜
📍 地點　任何場所皆可

目 的　上個方法的進階練習，目的同樣是讓手習慣控制球的感覺。練習重點在於讓球能順暢地繞動。

程序

①將球拿到臉的前方。

②將球繞著頭部轉。

教練筆記 MEMO　跟上個方法比起來雖然只是換個繞球的位置，但這樣的變化就足以讓球員在練習時不會感到枯燥乏味。其他的練習方法也請多發揮想像力，增加變化及樂趣。

控球

方法 028

單手上下撥球

難易度 ★☆☆☆☆

人數　1人～

地點　任何場所皆可

目　的

用手指上下撥球，
藉此訓練控制球的能力。

程　序

①將球放在五根手指上。

②利用手指的力量將球彈起。

教練筆記 MEMO

無論是運球、投籃還是傳球，
基本上球都不可以碰到手掌。
因此指力和運用手指控制球的
能力就顯得相當重要。

控球

方法 029

左右拉球

難易度 ★★☆☆☆

人數　1人～

地點　任何場所皆可

目　的

將離開身體中心的球快速拉回。
此練習也有助於培養爭奪籃板球的能力。

程　序

①盡可能地將球往側邊高高拉起。

②把球拉回胸前。

教練筆記 MEMO

練習時最重要的是一定要知道
自己為什麼做這個練習。此方
法因需快速地將球拉回胸前，
所以請盡可能加快動作。練習
至一定次數後，換另一隻手。

投籃

運球

傳球

防守

籃板

1對1個人技術

小組配合

團隊進攻

團隊防守

基礎體能訓練

控球

方法 **030** 跨下雙手前後接球（一）

難易度 ★★★★★

👤 人數　1人～

📍 地點　任何場所皆可

目　的　一方面培養球感，一方面訓練敏捷性。

程　序

①在兩腳之間持球。

②將球從兩腳之間往後拋，雙手迅速在球落地之前，移到後方將球接起。

　教練筆記 MEMO　將球從前往後拋接住，然後再從後往前拋接住。請按照一定的節奏，持續進行這樣的練習。

控球

方法 **031** 跨下雙手前後接球（二）

難易度 ★★★★★

👤 人數　1人～

📍 地點　任何場所皆可

目　的　此練習的目的與上一個方法相同，可讓球員邊培養球感，邊訓練敏捷性。因為要讓左右手前後交換位置，所以動作的幅度必須加大

程　序

①以一手在前，一手在後的方式，將球置於兩腳之間。

②球離手後，在球落地之前左右換手將球接起。

　教練筆記 MEMO　球離手後，一般正常的反應會去盯著球看，但練習時請盡量抬頭注視前方。

方法 032 「8字型」繞環

難易度 ★★☆☆☆

人數 1人～

地點 任何場所皆可

目的 藉由讓球快速移動，提高控球能力。

程序

① 在兩腳之間持球，讓球通過跨下繞到另外一側。

② 接著讓球以8字型的方式繞跨下移動。

教練筆記 MEMO

剛開始時，球可能會卡到腳，但還是要盡量抬頭看前方。不要怕失敗，盡量加快繞球的速度，如此才能提高控球能力。

方法 033 「8字型」運球

難易度 ★★★☆☆

人數 1人～

地點 任何場所皆可

目的 學習在重心低的情況下運球，並透過將球運低，磨練較為細膩的運球動作。

程序

① 將球盡量運低，使之通過跨下繞到另一側。

② 接著繼續將球運低，讓球以8字型的方式運過跨下。

教練筆記 MEMO

運球時請注意要以指尖控球。當球掉到地上彈不起來時，用力將球重重拍起，然後繼續練習。

控球

難易度 ★☆☆☆☆

方法 034

跨下前後彈接球

人數　1人～

地點　任何場所皆可

目 的　學習掌握運球時控球的力道，
藉以提高控球能力。

程 序

①正面持球，將球往跨下砸，並讓球往後彈。

②雙手繞到後方接球。

教練筆記
MEMO

這種練習不但能讓球員學習以適當的力道將球彈至後方，還可以培養球員球彈偏之後的接球能力。順利從後方接起球之後，請再將球往前方彈起接住。

控球

難易度 ★★☆☆☆

方法 035

前後拋接球

人數　1人～

地點　任何場所皆可

目 的　此練習與上個方法相同，可以在輕鬆的情況下進行。
目的為掌握運球時控球的力道，提高控球能力。

程 序

①正面持球，雙手將球往後上方拋。

②雙手繞到後方接球。

教練筆記
MEMO

此練習可以讓球員學習如何以適當的力道將球往後拋，並培養球拋偏之後的接球能力。可以的話，請將在後方接到的球再往前拋接住。

控球

方法 036 前後跨下運球

目 的 學習如何跨下來回運球，此技巧經常用於比賽中。

人數 1人～

地點 任何場所皆可

程 序

①雙腳前後打開，左手將球運至跨下中央處彈起。

②右手從另一側接球。

③接著右手再將球往跨下中央處彈起，如此交互進行。

教練筆記 MEMO 練習重點在於以一定的節奏感快速進行，並想像前方有防守球員。

控球

方法 037 跪姿跨下運球

目 的 訓練髖關節的柔韌性，藉此提升運球能力。

人數 1人～

地點 任何場所皆可

程 序

①雙腳前後打開，其中一隻腳膝蓋觸地，採跪姿姿態。

②在兩腳之間交互運球。

教練筆記 MEMO 髖關節的柔韌性對籃球運動來說相當重要。如果把這個練習當做伸展運動來做，對於訓練髖關節也很有效。此外，本練習也是絕佳的暖身運動。

控球

方法 038 坐姿雙腳繞環

 人數　1人～

 地點　任何場所皆可

目　的 培養控球能力，同時可當做伸展運動，藉此提升髖關節的柔軟度。

坐著張開雙腳，將球在身體四周繞1圈，繞完後可往反方向繞。

程　序

①坐著，盡可能將雙腳張開。

②球在雙腳四周繞環。

教練筆記 MEMO
如果坐著張開腳繞球沒問題的話，接著請試試一邊運球一邊繞球。這個動作需要更高的控球力及身體的柔軟度。

控球

方法 039 坐姿跨下運球

 人數　1人～

地點　任何場所皆可

目　的 培養控球能力，同時也可提升腹部周圍的肌力。

程　序

①坐下並抬起雙腳。其中一隻腳抬高，讓球從下方經過運球。

②之後抬高另一隻腳，同樣讓球從下方經過運球，如此不斷重複。

教練筆記 MEMO
這是一種同時可以鍛鍊腹肌的控球練習。如果只是單純的腹肌鍛鍊，練習將顯得單調乏味，要是能加上控球練習會更有趣。

控球

難易度 ★★★☆☆

| 方法 040 | 指尖轉球 |

人數 1人～

地點 任何場所皆可

目的 一面享受玩球的樂趣，
一面培養對球的手感。

程序

①用指尖頂住球旋轉。

②當旋轉即將停止時，用另一隻手拍轉球使之繼續旋轉。

 教練筆記 MEMO 　控球練習中，通常也會包含球場上用不到的技巧。
這些耍球的練習，其實對於學習實戰技巧相當有幫助。

控球

難易度 ★★★☆☆

| 方法 041 | 手腕繞球 |

人數 1人～

地點 任何場所皆可

目的 與上個練習方法相同，可一面享受玩球的樂趣，一面培養對球的手感。
請在不讓球離手的狀態下，利用手腕做繞球練習。

程序

①將球置於手掌上。

②將手腕翻向內側，並讓球輕輕浮起至不離手的程度。

③轉動手腕，利用手指的內外側讓球轉動。

 教練筆記 MEMO 　此練習與上個方法相同，重點都在於轉動時需控制住球的中心。

投籃

運球

傳球

防守

籃板

1對1個人技術

小組配合

團隊進攻

團隊防守

基礎體能訓練

技術解說 雙手兩球

眼睛直視前方，確保寬闊的視野

非慣用手的運球可能會不及慣用手順暢，請以慣用手相同的力道運球

運球方式
左右手以相同的節奏運球至熟練為止

技術解說 平均使用雙手

提升控球能力最重要的關鍵在於靈活運用左右手，但通常我們都傾向練習慣用手。因此，這個練習的目的就是讓球員試著去控制兩顆球，讓左右兩隻手都能獲得同等分量的練習。當然這樣一來難度會提高，但練習的目標原則上還是跟用一顆球時一樣，那就是即使不看球也能將球控好。

▶▶▶ 雙手兩球的重點①

POINT 1

直視前方，腰蹲低，左右手同時運球。

解説

雙手同節奏運球

雙手兩球練習當中，最基本的就是同時雙手運球。練習時請確實將腰蹲低、直視前方，並以一定的節奏進行。

▶▶▶ 雙手兩球的重點②

POINT 2

左右手不同節奏運球，以左上右下不斷交替的方式練習運球。

解説

交互運球

學會雙手同時運球後，下一個步驟就是學習如何左右交互運球。基本姿勢與上個練習相同，腰蹲低、直視前方，然後盡量讓球彈起的高度一樣，接著讓左右手以不同的節奏運球。

▶▶▶ 雙手兩球的重點③

POINT 3

改變左右方球彈起的高度，例如右球運至腰的高度、左邊球運至膝蓋的高度。

解説

挑戰左右高度不同的運球

接下來請挑戰進階版的雙手兩球練習，也就是左右高度不同的運球練習。做法是維持基本姿勢，將兩球彈起的高度調整至右邊腰及左邊膝蓋的兩個不同的高度。當然，終極目標是雙手都能運用自如，所以如果右高左低的運球已經難不倒你的話，接下來請進行左高右低的練習。

控球

方法 042

雙手同節奏運球前進

目 的 藉由同時運兩顆球的練習，
讓雙手都能自由自在地運球。

難易度 ★★★★★

人數 1人～

地點 任何場所皆可

程 序

①雙手持球，接著同時下球。

②兩手一邊同節奏運球一邊前進。

 教練筆記 MEMO　運球時請注意讓兩顆球彈起的高度一致。並且記得抬起頭，盡可能不去看球，然後慢慢增加運球的速度。

控球

方法 043

雙手不同節奏運球前進

目 的 目的與上個方法相同，都是讓雙手能自由自在地運球。因為必須交互運球，所以相對地練習難度也提高了。

難易度 ★★★★★

人數 1人～

地點 任何場所皆可

程 序

①雙手持球，接著左右手不同時下球。

②左右手一邊不同節奏運球一邊前進。

 教練筆記 MEMO　練習左右手不同節奏運球時要以一定的頻率前進。要是其中一隻手的力道不夠，將會打亂運球的頻率，練習時請特別注意。

控球

難易度 ★★★☆☆

方法 044 雙手以不同高度運球前進

人數 1人～

地點 任何場所皆可

目的 藉由不同高度的運球，提升雙手的控球能力。

其中一隻手以較大力道運球，
另一隻手以較小力道運球，前進。

程序

①雙手持球，一方以較大力道運球，另一方以較小力道運球。

②以左右不同的高度運球前進。

教練筆記
MEMO

此練習為讓球員一手以較大力道運球，一手以較小力道運球。運至一定的次數後，左右交換練習。看起來簡單，但左右手要運至不同高度其實是相當困難的。請反覆練習至能以一定的節奏順利進行。

控球

難易度 ★★★☆☆

方法 045 雙手運球轉身

人數 1人～

地點 任何場所皆可

目的 提升雙手運球能力的變化版。練習時必須同時運兩顆球並轉身。比起只是運球前進，當然在難度上有所提升。

程序

①雙手運球。

②運球轉身。

教練筆記
MEMO

除了同時運兩顆球之外，還要改變方向轉身。練習時請注意不要讓兩顆球撞在一起。練完右轉後，換左轉。

技術解說 運球的基本動作

臉
臉抬高，確保能看清楚周圍狀況。這樣的動作稱之為「Face Up」

左手
非運球的那隻手伸向前做抵擋動作，以阻止對方的防守。這樣的動作稱之為「Arm Protection」

膝蓋
讓膝蓋處於隨時能伺機而動的狀態

技術解說 用身體護球

　　雖然運球的方式很多，但必須依臨場狀況予以活用。話說回來，這些種類繁多的運球技巧其實都是從基本動作中發展出來的，所以如果基本動作不佳，是無法精進運球能力的。運球基本動作的重點在於：抬起頭以保持寬闊的視野，以及運用身體護球。此外，讓膝蓋處於隨時伺機而動的狀態也是非常重要的一點。

▶▶▶ 運球基本動作的重點①

POINT
1

確實抬起頭，舉起非運球的手向前做出阻擋動作。

解説 **確實將球掌控住**

　　所有籃球基本動作的共通點在於，盡量將球遠離防守者，這一點同樣也適用於運球。另外，在運球時要將非運球的手向前架出以阻擋防守者。除此之外，還必須抬起頭，以便掌握周遭情況，所以一定要擁有不看著球也能確實控球的能力。

▶▶▶ 運球基本動作的重點②

POINT
2

護球的手不可以舉得太高。

解説 **不可失去重心**

　　雖然護球非常重要，但如果太在意防守球員而將護球的手舉過高的話，是非常不好的。因為這樣會讓重心偏向一邊，導致失去整體平衡，無法快速地進行下一個動作。

▶▶▶ 運球基本動作的重點③

POINT
3

無論是左手運球還是右手運球，基本動作都是一樣的。

解説 **讓左右手都能運用自如**

　　磨練運球技巧的最終目標為：以非慣用手運球時，也能跟用慣用手一樣控球自如。無論是左手運球還是右手運球，基本動作都是一樣的。運球時，請謹記一定要抬起頭，然後將非運球的手向前伸出護球。

運球

難易度 ★☆☆☆☆

方法 **046** ## 換手運球

人數　1人～

地點　任何場所皆可

目的 比賽中如果光用基本的運球技巧，是無法順利將球運至想要的地方的，因此必須增添一些運球變化才行。讓球在身體前變換方向，便是一種基本的變化版運球技巧。

一邊運球一邊前進。

將球運至身體前方，
以利另一隻手接起運球。

程序

①單手運球。

②將球運至身體前方，並使球朝另一邊移動。

③另一隻手接到球後繼續運球，如此不斷交替。

另一隻手接球。

繼續運球。

教練筆記 MEMO

這樣的運球技巧雖然常用於比賽中，但將球運至自己前方的同時，也容易成為防守者下手抄球的目標。為了避免防守者趁機下手抄球，請在確實觀察對方的動作後再使用此技巧。

NG

運球時如果將球拿起來，然後又繼續運球將會形成違例（翻球違例），這時裁判會將球權判給對方，所以運球時請注意。

難易度 ★★★★★

方法 047

內外換手運球

人數 1人～

地點 任何場所皆可

目的
這是一種讓對方以為自己要將球運往內側，實際上卻運往外側的技巧。此技巧也算是讓對方誤以為自己要換手運球（P.78）的假動作。

一邊運球一邊前進。

假裝要換手運球。

程序

①單手運球。

②假裝要換手運球，做出將球由外側運往內側的樣子。

③將球向外側而不是內側運。

④繼續用原手運球。

不將球向內側，而是將球向外側運。

繼續運球。

教練筆記 MEMO
做出換手運球的動作時，會誘使對方抄球。這時將球由內側往外側移動的內外換手運球，將成為最佳誘敵工具。這個技巧的重點在於，讓對方搞不清楚到底我們是要朝右方還是左方前進。

NG
利用這種技巧運球時，切記不要抓著球以免形成翻球違例。關鍵在於盡量利用球的上半部運球。

難易度 ★★★★★

方法 048 轉身運球

人數 1人～

地點 任何場所皆可

目的

此為不讓防守者將球奪去，而延伸出的變化版運球技巧的一種。當防守者趨前來抄球的時候，這種轉身運球最能發揮效用。

首先單手運球。

配合球彈起的時機轉身。

程序

①運球。

②配合球彈起的時機轉身。

③用另一隻手接起後運球。

④繼續運球。

快速轉身。
此時頭依然維持上抬的狀態。

換另一隻手控球後
繼續運球。

教練筆記 MEMO

想像前方有防守球員過來抄球，然後像是要用身體把球藏起般轉身。做此動作時請注意維持重心，基本動作不要變形走樣。轉身後一定要換手運球，不然球就在防守者同一側，會被抄走。

Basketball Column 01

曾令我受到衝擊的技巧是現代必備的技術

第一次看到這種運球技巧是在我球員時期遠征美國時，當時受到極大衝擊。那時候為了學會這個技巧，幾乎是拚了命地練習，但如今，這項技巧卻已經成為現代球員必備的基本技巧了。這讓我深切感受到，現代籃球運球技巧的日新月異。

方法 049 跨下運球

人數 1人～

地點 任何場所皆可

目的 將球在兩腳之間彈起，增加運球變化。

首先單手運球。

將球在兩腳之間彈起。

另一隻手將球接起。

繼續運球。

程序

① 運球。

② 將球在兩腳之間彈起。

③ 另一隻手將球接起。

④ 繼續運球。

教練筆記 MEMO

此技巧的重點在於保持重心低的姿勢。當球通過兩腳之間時，注意不要讓球撞到腳。剛開始可在非移動的狀態下練習，接著在移動中練習，最後在有防守者的情況下練習，這樣便可掌握實戰的節奏。

Basketball Column 02

不只是耍帥而已，也兼具實用性

有人會認為，若只是讓球左右移動的話，基本上換手運球就夠用了。特別是跨下運球，因為看起來比較花俏，所以有些人甚至會排斥這項技巧。但是當我們的距離與防守者非常靠近時，跨下運球就會顯得很實用，所以請一定要學起來。

右側欄：投籃　運球　傳球　防守　籃板　1對1個人技術　小組配合　團隊進攻　團隊防守　基礎體能訓練

運球　　難易度 ★★★☆☆

方法 **050**

背後換手運球

人數　1人～

地點　任何場所皆可

目的 諸多運球技巧中一定要學會的一種。因為得在背後運球，所以難度相當大，不過危急的時候絕對能派上用場。

首先單手運球。

將球運到背後，
使之在正後方彈起。

程序

① 運球。

② 將球運到背後，使之在正後方彈起。

③ 另一隻手將球接起。

④ 繼續運球。

另一隻手將球接起。

繼續運球。

教練筆記 MEMO 此為運球當中相當困難的技巧之一，因為必須讓球長時間待在身後而非身體正面。此技巧的重點在於將手腕及肩膀放軟，讓球快速移動。

NG

若在較為擁擠的空間使用此技巧，容易形成被防守方從旁邊或後方抄球的危機。所以最好在較充裕的空間時使用。

難易度 ★☆☆☆☆

方法 051 急停加速運球

👤 人數 1人～

📍 地點 任何場所皆可

目的

想突破防守球員，變換運球的快慢節奏有時是很有效的。此練習的目的在於學習如何控制運球的快慢節奏。練習時有防守對象固然比較容易抓住停球的時機，不過一個人也能做。

首先運球前進。

快速運球煞車急停，
防守球員會跟著進攻者煞車急停。

重心放低，
突然加速運球前進。

過了防守球員後
繼續運球。

程序

①運球前進。

②運球急停，誘騙防守球員提高重心。

③當防守者煞車急停時，立刻加速前進。

④運球過人。

教練筆記 MEMO

突破防守球員時必須銘記在心的重點就是「節奏的變化」。也就是去控制運球速度的緩急。運球時突然由慢轉快，或是由快轉慢，都可以拉開與防守球員的距離。

Basketball Column 03

重點在於加速的時機

並不是運球的速度快，就能順利突破對方防守。相對的，即使運球速度慢，也有可能過得了對方。其中的關鍵在於球員是否能變化節奏去欺敵。請找出適當的時機，展現自己的過人速度。

方法
052

S形運球後投籃

難易度 ★★★★

人數 1人～

地點 半場處

目的
**不但能讓球員學習如何以一定的節奏變換運球方向，
還能學習如何在運球之後投籃。**

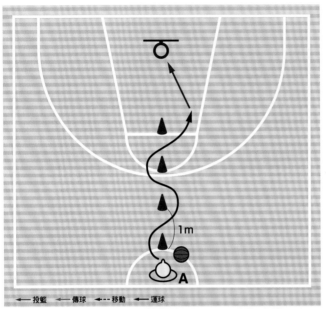

1m

A

◀── 投籃　◀── 傳球　◀--- 移動　◀── 運球

程序

①如圖所示放置三角筒，
讓球員在三角筒之間以S
形前進。

②運球結束後，跳投。

教練筆記
MEMO

為了有效活用僅有的練習時
間，也可以如本方法般讓球員
同時練習運球和投籃。這麼一
來可以讓球員在運球中同時意識到籃框的
位置。練習時可變換運球的種類以增加變
化。

建議事項

運球結束後的投籃也可以有很多選擇。例如在
運球之後跳投，或是直接上籃。練習時請多多
嘗試各種投籃方式。

Basketball
Column
04

請利用三角筒協助練習

像上圖一樣放置三角筒也是
練習中非常重要的一環。
例如把三角筒之間的間隔縮
小的話，可模擬出擁擠的環境，讓球員習得
較為細膩的運球技巧；反之若增加三角筒的
間隔空間，則可讓球員盡情施展速度做快速

運球練習。當然三角筒的間隔也能時寬時
窄，讓球員試著自己調整運球的節奏。
無論三角筒如何擺放，除了教練之外，身為
練習主角的球員一定要知道練習的用意為
何。

方法 053　45度過人後投籃

目的　練習運球突破假想成防守者的三角筒後，上籃得分。

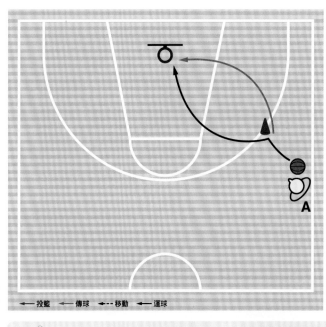

◀── 投籃　◀── 傳球　◀┈┈ 移動　◀── 運球

程序

① 如圖所示在球場的45度處放置三角筒，讓球員朝三角筒運球前進。

② 將三角筒假想成防守者，利用各種運球技巧突破後（方法046～051），上籃（P.42）。

進階練習

可試著先在三角筒前以小碎步做急停動作，然後一口氣運球至籃下取分。

教練筆記 MEMO　越靠近籃框，運球就越困難。所以必須隨時提醒自己用最少的運球去做投籃的動作。另外，踏出的第一步，步伐一定要大，這點很重要。

建議事項

朝籃框運球的動作也稱之為「切入」，這是我個人最重視的基本動作之一。切入的關鍵點在於爆發力，也就是運球的強度。運球強度不夠的話，球很容易被對方抄走。

Basketball Column 05

投籃前可用雙手緊抱住球

電光火石的切入後奮力朝籃框攻擊，這是籃球比賽中最令人血脈賁張的一幕。因為這時進攻者會施展強力的切入動作來破壞對方防守，而防守方則會想盡一切方法阻擋，是相當精采的攻防組合。

在高水準的比賽中，當球員切入準備攻擊時，常會用雙手緊抱住球，好讓防守方不易碰觸到球，但之後卻依然維持單手投籃的姿勢。這是一種較為高超的籃球技巧。

投籃

運球

傳球

防守

籃板

1對1個人技術

小組配合

團隊進攻

團隊防守

基礎體能訓練

運球

難易度 ★★★★★

方法 054

全場1對1

人數 2人～

地點 全場

目的 運球技巧的總和練習。運球的球員必須具備多樣化的運球技巧以及控制快慢節奏的工夫。

基本上是在全場的地方進行1對1攻防。
運球的球員（A）與防守球員（B）互相攻守。

A必須運用各種運球技巧
甩開B的防守。

B也必須盡全力防守
不讓A得逞。

A如果順利甩開對方，便可逕自投籃得分。
也可以慢下速度，繼續與防守方周旋。

程序

①負責運球的球員（A）持球，負責防守的球員（B）則盯緊運球方。

②A必須利用運球技巧，想辦法突破B的防守。

③A突破B的防守後，可選擇投籃得分或放慢速度，等B重新就防守位置後，再展開1對1。

教練筆記 MEMO

運球的目的不只是帶球前進而已，在適當時機緩下來，拉開與防守方的距離也是非常重要的一環。這麼做可以讓自己看清周遭情勢，並正確判斷出應該運球前進的方向。

建議事項

若在1對1的練習中運球失誤也不要氣餒。與其失誤後愣在當場悔恨，不如盡快彎下腰撿起球。就算運球過程中被防守方將球給抄走，只要在回防時盡力防守將功補過即可。

難易度 ★★★★☆

方法
055

1對2

人數 1人～

地點 半場處

目的 若球員具備同時甩開兩位防守球員的本事，個人單打技巧將如虎添翼。練習在兩位防守球員間突破運球，培養這方面的能力。

基本上是1對2的攻防。其中一位防守球員（B）緊貼著持球者（A），另一位防守球員（C）則在稍後方準備協防。

在稍後方的C上前協防。

A必須找出兩位防守球員間的空隙。

接著運球突破。

程序

①負責運球的球員（A）持球。

②防守方必須模擬實戰的情境，由B緊貼A，C在稍後方準備協防。

③C上前趨近防守A。

④A抓準時機，朝B與C的空隙處運球突破。

教練筆記 MEMO 想突破兩位防守球員的防守，須找出對方兩人之間的空隙殺入。但如果對方將中間的路徑給堵死的話，進攻球員就必須具備從左右兩側運球突破的能力。

進階練習

當進行1人進攻、2人防守的練習時，若其中一位防守球員抄到進攻球員的球，也可以轉為2對1的攻守轉換練習。請在練習時模擬實戰情境，讓自己的運球技巧更上層樓。

難易度 ★★★★★

方法
056

1對1抄球練習

人數　2人〜

地點　半場處

目的
> 利用球場地板上的圓圈，讓球員一邊體驗遊戲的樂趣，一邊提升運球技巧。此練習需觀察對方的動態，所以必須保持寬闊的視野。

此為雙人練習。球員必須各自在圓圈內運球，
抄到對方的球或將對方的球拍出圈外者即獲勝。

程序

①兩位球員分別持球進入球場的圓圈中。

②雙方需運球並以另一手保護自己的球及抄截對方的球。

③抄到對方的球或將對方的球拍出圈外者獲勝。

教練筆記
MEMO

想精進運球技巧，除了模擬實戰外，再來就是要「樂在其中」。如果可以像這個方法般增添練習樂趣，將能提升球員練球時的動力。找個適當時機把這樣的方法加入練習清單中吧。

建議事項

如果正處在比賽期間，也許很難有時間讓球員進行控球、運球遊戲的練習。但我們可以善用比賽結束後，或是其他空檔時間讓球員持續這樣的練習。

第3章
傳球
Pass

組織攻勢時,傳球扮演著相當重要的角色。
這就是為什麼要確實練習傳球的原因。
全隊通力合作,精進這項技巧吧。

技術解說 胸前傳球

球的位置
將球傳出的位置約在胸口附近

腳
其中一隻腳往傳球方向踏出

手腕
傳球時，利用轉動手腕，讓球產生後旋效果，以利隊友在接球時更加順利

技術解說 傳出快速強勁的球

　　強勁快速的傳球對於組織攻勢是相當重要的。在多項傳球技巧當中，將球從自己胸前傳出的技巧稱之為「胸前傳球」，而利用雙手將球傳出的姿勢，可說是最正確的傳球姿勢。

　　傳球的重點在於一邊讓球產生後旋效果，一邊強勁快速地將球送出。球勁不夠或球速太慢的傳球很容易被對方給抄走，所以平常練習時，請注意維持一定的傳球力道及速度。

▶▶▶ 胸前傳球的重點①

POINT
1

傳球時將一隻腳往傳球方向踏出，並將球在胸前傳出。

解說 雙手將球
自胸前傳出

傳球時必須一邊將其中一隻腳向前踏出，一邊用兩手把球從胸前送出。之所以要轉動手腕讓球產生後旋效果，是為了讓接球者更容易接球。比賽時，傳球速度是越快越好，練習時請謹記這點。

▶▶▶ 胸前傳球練習的重點②

POINT
2

為了讓隊友輕鬆接球，最好能將球傳到對方胸前。

解說 以對方的胸前為目標
將球傳出

胸前傳球基本上要以對方的胸前為目標將球傳出，其目的在於讓對方好接球，並能迅速做出下一個動作。練習向傳球時，請注意盡量不要將球傳偏，並以一定的節奏相互接傳。

STEP BY STEP   傳球的速度
Basketball   **練習傳球時就要保持一定的球速**

以日本目前的籃球水準來看，相較於個人帶球，也就是運球技巧的顯著進步，傳的技巧相對的有點停滯不前。

要是練習時傳球的球速不夠快，這樣的壞習慣就會反映在比賽上，發生球被對方輕易抄走的失誤。由於快速的傳球也會導致接球者不易接球，所以傳球和接球者雙方彼此必須有一定的默契，如此才能精進傳球技巧。

技術解說 單手側邊傳球

將腳踏出後運用單手手腕將球送出

也可以用非持球側的那隻腳做大跨步的動作

大跨步
為了避開眼前的防守者，必須單腳大跨步後將球傳出

技術解說 單腳跨出後傳球

　　當眼前有防守者的時候，將腳往橫向跨出，讓球遠離防守者後單手將球傳出，這樣的技巧稱之為「單手側邊傳球」。傳球時需將雙腳中的任一腳大步跨出後再將球送出。

可以依據場上的情況，選擇跨出持球側的腳，或是跨出非持球側的腳。

技術解說 棒球式傳球

運用手腕的力量，盡可能以最快的速度將球傳出

手腕

將球舉至高於肩膀的位置

POINT 1 單手持球，預備將球傳出。

POINT 2 單手將球傳出。球離手時要轉動手腕讓球旋轉。

技術解說 盡可能加快傳球速度

　　要將球傳給距離自己甚遠的隊友時，最常用的傳球技巧就是「棒球式傳球」。

　　這樣的傳球方式必須將球由肩膀處傳出，剛好就像棒球球員投球的姿勢。如果傳球的動作太大，不但需花費較長的時間，同時也容易讓防守方洞悉傳球路徑而被對方抄球。所以在運用這種傳球技巧時，請記得盡可能快速把球送出。

技術解說　地板傳球

踏出
單腳往傳球的方向跨出

手腕
轉動手腕，讓球旋轉後反彈起來

技術解說　注意傳球的時機

　　實際比賽中，有時會需要將球砸到地板反彈後傳到隊友的手上，這樣的技巧稱之為「地板傳球」。

　　地板傳球經常使用於比賽中，當想從防守者腳邊將球傳過去，或是想配合正在走位的隊友時，就會用到這種技巧。使出此技巧時，切記要讓球產生適當的旋轉。

▶▶▶ 地板傳球的重點①

POINT
1

單腳向欲傳球的方向跨出，雙手讓球旋轉後傳出。

解説 **讓球旋轉 使之產生後旋作用**

地板傳球會根據球的旋轉方式而有許多不同變化，其中最基本的就是讓球產生後旋作用後彈至接球者胸口。球產生後旋後，彈起的力道會減弱，如此一來接球者就比較好接球。

▶▶▶ 地板傳球的重點②

POINT
2

讓球彈起的位置，約在兩人間隔3分之2的地方。

解説 **反彈的位置約在 3分之2的地方**

讓球後旋後反彈的位置，最好在傳球者與接球者之間約3分之2的地方。如果太靠近接球者腳邊的話，接球者很難接球。

STEP BY STEP
Basketball

地板傳球的種類
也可以讓球朝側邊旋轉

使用地板傳球的技巧時，如果讓球產生後旋效果，球在擊地後會減緩球速；另外，如果讓球自正面旋轉，那麼球在擊地後會增加球速。除此之外，還有另一種讓球往側邊旋轉，使之反彈至接球者手中的技巧。可以在練習時自行拿捏球旋轉的方向和反彈力道，掌握住最佳的傳球方式。正式比賽中若能活用這些傳球方式，將能有效防止對手的抄截。

傳球

方法 057
漸漸延伸距離的對向傳球

目的 正式的比賽中，能傳出越長距離的傳球越好。為了培養出這樣的能力，可以讓球員在短距離內互相傳球，然後漸漸拉長距離。

首先讓兩位球員面對面進行胸前傳球（P.90）。

接著稍拉長傳球的距離。

以拉長的距離進行對向傳球。

在可以互相傳球的前提下，再度拉長傳球距離。

程序

①兩人互相傳球。

②漸漸拉長傳球的距離。

教練筆記 MEMO

對向傳球乍看之下好像很簡單，但專注於每個傳球，並將傳出強勁快速的球變成習慣可是一點也不簡單。許多出現在正式比賽中的傳球失誤，都是因輕忽傳球而來。

建議事項

傳球的距離一旦拉長，很容易就會變成高拋式的傳球。要以強勁的胸前傳球，嘗試從球場的一側邊線傳至另一側的邊線為目標。進行其他傳球練習時，也請多多利用對向傳球的練習方式。

傳球

難易度 ★★★★★

方 法 058

往傳球方向趨近的對向傳球

人數　3人～

地點　任何場所皆可

目 的

基本上在傳球之後，要立刻移動。
養成一傳就立刻向前移動的習慣。

朝對面傳球後立刻向前移動，
排到接球者的後方。

程 序

①兩位球員面對接球者排成一列。

②傳球後立刻向前移動。

③排到接球者的後方。

教練筆記 MEMO

傳球後立刻移動的動作，稱之為「Give & Go」。球員可先跨出一步以助傳球，接著迅速移動。

傳球

難易度 ★★★★★

方 法 059

前後移動的對向傳球

人數　2人～

地點　任何場所皆可

目 的

在正式比賽中，除了傳球後立刻朝傳球方向移動的技巧之外，還有往反方向移動的技巧。請預先決定傳球的目的，然後在傳球後立刻向後移動。

對向傳球。傳球後立刻後退，
到達邊線後再跑回原位。

程 序

①兩人面對面傳球。

②傳球後立刻向後移動。

③後退至一定距離後（例如跑到邊線處折返）回到原位，接著換對方傳球。

教練筆記 MEMO

大步跨出第一步以助傳球後，可以將跨出的腳往前頓一下，接著快速朝後方移動。此練習除了可利用胸前傳球之外，也可以利用地板傳球（P.94）等其他的傳球方式。

投籃

運球

傳球

防守

籃板

1對1個人技術

小組配合

團隊進攻

團隊防守

基礎體能訓練

097

傳球

方法
060
兩人兩球傳球練習（一）
（胸前傳球－地板傳球）

人數 2人～

地點 任何場所皆可

目 的 此練習需雙方球員配合彼此的動作，然後相互傳球。
除了務求傳球動作的正確性之外，抓住適當的傳球時機也很重要。

兩位球員面對面持球，其中一人進行胸前傳球（P.90），
另一人則進行地板傳球（P.94）

程 序

①兩位球員面對面持球。

②其中一人進行胸前傳球，另一人同時進行地板傳球。

③練習一定的次數後，互換傳球方式。

進階練習

教練需配合球隊的水準，讓球員先在適當的距離進行練習，待球員習慣後，再慢慢拉長傳球的距離。

教練筆記 MEMO

球員可互相喊出聲音，配合彼此的動作以一定的節奏進行此練習。由於需要兩人同時傳球，所以除了抓準傳球時機外，如何讓對方好接球也很重要。此外另一個重點是，當球員將球傳出後，必須立刻回到可以接球的姿勢。這樣的反射動作在比賽中是相當重要的，所以練習時請特別意識到這一點。

建議事項

抓住傳球節奏後，請逐漸加快傳球的速度。進行一定次數的練習後，請交換傳球方式。

傳球

難易度 ★ ★ ★ ★ ★

方法 061
兩人兩球傳球練習（二）
（單手側邊傳球－單手側邊傳球）

人數 2人～

地點 任何場所皆可

目 的
和左頁的練習一樣，球員必須配合彼此的動作，一邊學習正確的傳球方式，一邊抓準適當的傳球時機。單手側邊傳球（P.92）需要將腳朝側邊跨出，由於這樣的動作較大，所以在做出傳球動作後迅速恢復原來的姿勢是相當重要的。

兩位球員面對面持球，
接著互相朝自己的右邊做單手側邊傳球。

程 序

①兩位球員面對面持球。

②互相朝自己的右邊做單手側邊傳球。

③進行一定次數後左右交換。

教練筆記
MEMO
單手將球傳出後，請記得立刻回到可用雙手接球的基本姿勢。接著再往側邊大跨步，做出單手側邊傳球的動作。進行一定次數後，左右交換練習。

建議事項

實際比賽時雖然只有一顆球，但同時使用兩顆球練習可以加快球員反應的速度。透過這樣的練習，也可以培養觀察周遭情勢的能力。

傳球

方法 062

加入防守球員的對向傳球

難易度 ★★★★☆☆

人數 3人～

地點 任何場所皆可

目的

在正式比賽中，防守者通常會針對進攻者的傳球動作施壓干擾。所以當球員熟悉了傳球方式後，接下來的課題就是學習如何在有防守者的情況下傳球。

負責防守的球員向持球者施壓，使之無法傳球。
當持球者將球傳出後，負責防守的球員移動至對面，改盯接到球的人，繼續阻撓傳球。

程序

①3人一組，其中2人面對面站定，中間夾著1名防守球員。

②負責傳球的2人互相傳球，防守者則向持球者施壓。

③當持球者將球傳出後，負責防守的球員需朝傳球方向移動，繼續阻撓另一位持球者傳球。

教練筆記 MEMO

想在防守者的阻撓下順利將球傳出，最重要的關鍵在於「假動作」。所謂的假動作，指的是欺騙對方的動作。「假裝往上方傳，卻由下方傳出」、「假裝往右邊傳，卻由左方傳出」，類似這樣的假動作在比賽中是相當實用的，請勤加練習。

建議事項

負責防守的球員一開始不需要太積極地抄球，只要對持球者施加壓力即可。當抓住練習的要領後，負責防守的球員可積極地伸手抄球，逐漸將防守強度提高至接近真實的比賽。

傳球

難易度 ★★★★★

方法
063

往傳球方向移動的三角傳球

人數 6人～

地點 半場處

目的 培養傳球後立刻移動的習慣。

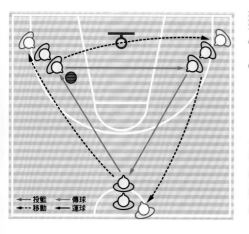

← 投籃　← 傳球
← -- 移動　← 運球

程序

①如圖所示排列成三角形。

②傳球的球員往傳球方向移動，然後排到隊伍之後。

教練筆記 MEMO

一面喊出聲音一面傳球，將有助於彼此默契的提升。除了胸前傳球（P.90）之外，也可以交叉使用地板傳球（P.94）等技巧，提升傳球技術的廣度。

傳球

難易度 ★★★★★

方法
064

往傳球反方向移動的三角傳球

人數 6人～

地點 半場處

目的 與上述的練習相同，目的在於培養傳球後立刻移動的習慣。
由於必須往傳球的反方向移動，因此困難度也相對提高了。

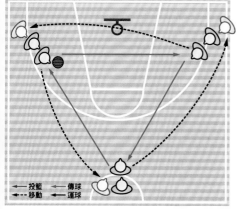

← 投籃　← 傳球
← -- 移動　← 運球

程序

①如圖所示排列成三角形。

②傳球的球員往傳球的反方向移動，然後排到隊伍之後。

教練筆記 MEMO

往傳球的反方向移動，是相當困難的技術。之所以會這麼說，是因為越是想要快速移動，為了傳球而向前踏出的步伐力道就會越小。所以傳球時，請謹記必須在傳出強勁的球後，再做移動。

傳球

難易度 ★★★★★

方法
065
密西根傳球

人數 8人～

地點 半場處

目的

傳球後往反方向移動，再次交換傳球。
此練習可訓練球員拿捏該距離最恰當的傳球力道。

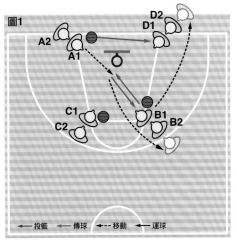

圖1

程序

①A1、B1、C1、D1四位球員如圖所示排列在四個位置上，其中A1、B1、C1三位球員分別持球。

②A1傳球給D1後往B列的方向移動，並在移動中接受B1的回傳球。

③B1在傳球給A1後，排到D列的後面。

④A1在接球後傳球給B2，再排到B列之後。

⑤如圖2，接到A1傳球後的D1將球傳給A2，之後朝C1的方向移動，並在途中接C1的傳球。

⑥C1在傳球後，排到A列的後面。

⑦D1在接到傳球後將球傳給C2，之後再排到C列之後。照這樣的順序不斷重複練習。

← 投籃　← 傳球　← 移動　← 運球

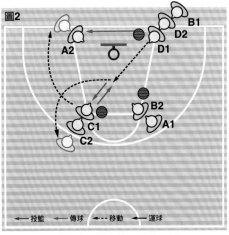

圖2

← 投籃　← 傳球　← 移動　← 運球

教練筆記
MEMO

傳球的速度越快，防守者越不容易將球抄走，但如果快到連自己的隊友都接不到，那就沒有任何意義了。透過這個單元的練習，可以讓球員學習如何在一定的距離拿捏適當的傳球速度。

建議事項

此練習因為在密西根大學行之有年，所以被稱為「密西根傳球」。日本籃壇不少基本練習皆源自於美國，特別是許多執教於大學的名教練的練習項目，日本教練多半會拿來做為參考。

傳球

難易度 ★★☆☆☆

方法
066

四角傳球

人數　8人～

地點　半場處

目的　除了培養球員傳球後立刻移動的習慣之外，
同時也讓球員具備不同於來球方向的傳球能力。

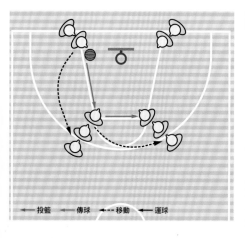

─── 投籃　─── 傳球　┄┄ 移動　─── 運球

程序

①如圖所示排好隊伍後，首先由持球者將球傳給
右側隊伍的第一位球員，之後再往傳球方向移
動，排到該行列的後方。

②接到傳球的人後利用軸心腳（P.143）改變身
體方向，並運用單手側邊傳球（P.92）將球
傳給右側的第一位球員。之後再往傳球方向移
動，排到該行列的後方。

③按照這樣的順序不斷重複練習。一段時間後，
可往反方向進行。

教練筆記
MEMO
所有伴隨著移動的傳球練習其
實都一樣，在球員習慣這樣的
練習之前，速度上可以放慢。

傳球

難易度 ★★★☆☆

方法
067

四角傳球（趨前防守）

人數　8人～

地點　半場處

目的　讓球員學會避開防守者後將球傳出，
以及傳之後該如何移動。

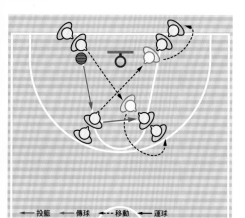

─── 投籃　─── 傳球　┄┄ 移動　─── 運球

程序

①如圖所示排好隊伍後，首先由持球者將球傳給
右側隊伍的第一位球員（需快速將球傳至下一
個右側球員），接著往角線方向移動，並對
持球者進行壓迫性防守。之後再排到對面隊伍
的後方。

②接到傳球的人利用軸心腳（P.143）改變身體
方向，並運用單手側邊傳球（P.92頁）將球
傳給右側隊伍的第一位球員。接著往對角線方
向移動，並對持球者進行防守性施壓。之後再
排到對面隊伍的後方。

③按照這樣的順序不斷重複練習。一段時間後，
可往反方向進行。

教練筆記
MEMO
當傳球者轉換為防守者的角色
時，請務必要給持球者施加一
定的防守壓力。

傳球

方法 068

往傳球方向移動的四角傳球

👤 人數　8人～

地點　半場處

目 的　提升球員傳球後跑動的意識。可全隊一起練習。

程 序

①如圖所示排列成正方形。

②A移動至圖片中標示的位置後，接受B的傳球，而B在傳球後也移動至圖片中標示的位置。

③A接到B的傳球後，將球傳給對角的C，接著排到C列後方。C再將球傳給B，移動至圖片中標示的位置後，B再將球傳給D，接著排到D列後方。D再將球傳給C移動至圖片中標示的位置。之後按照這樣的順序，不斷重複練習。

📋 **教練筆記 MEMO**　練習時記得互相喊出聲音讓對方知道自己要傳球。如此不僅可提高隊友間的默契，同時還能提升練習氣氛。此外，除胸前傳球（P.90）之外，也可以運用地板傳球（P.94）等技巧，在練習跑位之餘順帶加強自己的傳球技術。

← 投籃　← 傳球
← 移動　← 運球

傳球

方法 069

5對4

👤 人數　9人～

地點　半場處

目 的　學習如何避開防守，將球傳出。

程 序

①5個人（黃）負責傳球，4個人（白）負責防守。其中傳球方派出1人如圖所示站在中央處持球，其餘的球員在圓（橢圓）上等距離排列。

②負責傳球的持球者不要移動，只在原地傳球。防守者阻撓傳球者傳球。

③練習中可以調整傳球的間隔。間隔越小難度越高。

📋 **教練筆記 MEMO**　可訓練負責傳球的球員尋找空檔隊友的能力；而防守方的球員，則可練習區域防守。由於防守方只有四人，正好可以培養球員守住自己防守區域的意識。

← 投籃　← 傳球　← 移動　← 運球

傳球

方法 070 兩人傳球

人數 2人～

地點 全場處

目的 ▶▶ 此為兩人邊移動邊互相傳球的練習，除了可培養球員的傳球技巧外，也能訓練球員的體能。也可當成暖身運動。

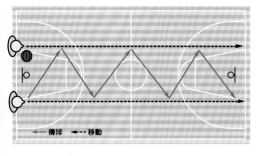

← 傳球　◄-- 移動

程序

①兩人一組，其中一人持球。

②兩人並行奔跑，相互傳球。

 教練筆記 MEMO　為了配合正在向前移動的接球者，傳球者需將球傳至接球者的稍前處，以利對方接球。除了胸前傳球之外，也可利用此項目練習地板傳球的技巧。

傳球

方法 071 三人傳球

人數 3人～

地點 全場處

目的 ▶▶ 此為三人邊移動邊互相傳球的練習。與上個練習相同，可訓練球員的體能。練習時請注意三人必須以相同的速度移動。

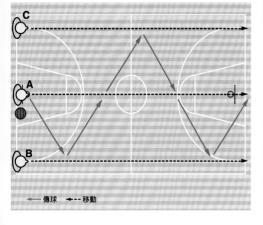

← 傳球　◄-- 移動

程序

①三人一組，由A球員持球。

②A先傳給B，B再回傳給A，接著A傳給C，最後C再傳給A，依照這樣的順序，三個人一邊移動一邊傳球。

 教練筆記 MEMO　此練習的重點與方法070相同，為了配合向前移動的接球者，傳球者需將球傳至接球者的稍前處。不同的是，中間的球員除了負責接球之外，還要將接到的球快速傳至另一邊。所以兩側的球員必須輪流與中間的球員交換位置，平均地進行練習。

傳球

方法 072
8字傳球

目的 8字傳球，在正式比賽中經常可見。此練習需要三人的高度配合，因此可訓練球員之間的默契。

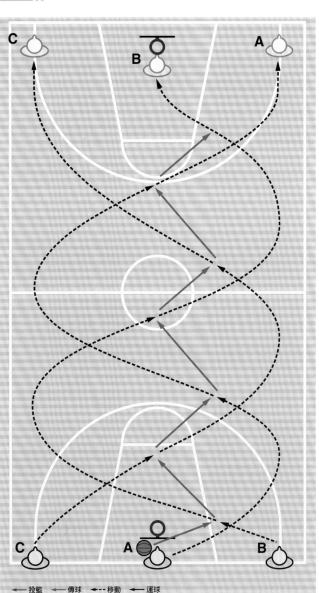

← 投籃 ← 傳球 ◄--- 移動 ← 運球

程序

①3人一組，由A持球。

②A將球傳給B之後，往B的後方移動，呈S型繼續前進。B再將球傳給C，往C的後方移動，呈S型繼續前進。之後按照這樣的順序，不斷重複練習。

教練筆記 MEMO 正式比賽中，球員不是只跑直線，也常常斜向或橫向移動。所以必須具備在各種移動中把球傳好的能力。請各位球員在練習時確實掌握住隊友的狀況，一邊喊出聲音一邊確實地進行傳球動作。

進階練習

像這種邊移動邊交互傳球的練習方式與路線其實有很多種，類似的練習可以提高把握快攻的能力。關於傳球的進階練習，在P.179的團隊進攻單元中也會介紹。請各位參考該單元，好好磨練自己的傳球技巧。

第4章
防守
Defense

不管漂亮地進了多少球，
只要對方得的分數比我們多，就沒有任何意義。
防守的基本在於把腰蹲低。
許多防守技巧都是由此延伸而來。

技術解說 防守的基本姿勢

確實將頭抬高，以確保能隨時掌握周遭狀況

雙手張開，以便隨時對應對手的動作

膝蓋 微微彎曲，保持低重心

站姿 雙腳張開至比肩稍寬，以確保能隨時做出反應

技術解說 膝蓋彎曲，保持低重心

　　為了能在對方投籃、傳球、運球時隨時做出應對的動作，必須先將膝蓋微微彎曲，然後身體稍向前傾，並保時低重心，這就是防守時的基本姿勢。此外，頭要抬起來，以便能隨時掌握周遭情況。最後，張開雙手，如果看見對方要投籃，就立刻上舉，總之要盡可能地快速對應對手的動作。

投籃 運球 傳球 防守 籃板 1對1個人技術 小組配合 團隊進攻 團隊防守 基礎體能訓練

▶▶▶ 防守基本姿勢的重點

POINT
1

挺起背脊，身體稍向前傾。

要記得挺起背脊

解說

雖說膝蓋要輕輕彎曲並保持低重心，但背脊可不能跟著彎曲。此外，身體也不可以跟地板成垂直角度，必須有點前傾才行。

雙手張開向前，是為了方便隨時向對手施壓。正式比賽時就是要以這樣的基本動作為基礎臨機應變，並阻撓對手投籃、運球和傳球。

STEP BY STEP
Basketball

防守練習
練習時必須清楚練習的目的

在練習進攻時，也可以同時練習防守。

雖說是重要的基本動作，不過防守的基本動作通常很容易被忽略掉。原因在於防守練習不像進攻練習那樣容易保持幹勁與鬥志。但不管怎麼說，防守是能幫助球隊獲勝的重要技術，所以教練必須經常提醒自己防守練習的重要性。

此外，在進行1對1或5對5等進攻練習時，由於也需要有球員負責防守，所以此時可以對防守球員做些要求，以提升防守功力。練習時請務必讓每個球員了解練習的目的，力求攻守方都能達到練習的目標。

防守

方法 073 滑步

 人數 1人～

 地點 任何場所皆可

目的 此為箝制對方運球動作的基本防守腳步。
進行此練習時切記別讓雙腳交叉移動。

擺好防守的基本姿勢。

將移動方向的那隻腳朝橫向跨出，
並向斜後方移動。

另外一隻腳也跟著移動，
維持基本姿勢。

練習至一定程度後，
變換方向。

程序

①擺好防守的基本姿勢。

②將移動方向的那隻腳朝橫向
跨出。

③另外一隻腳也跟著移動，維
持基本姿勢。

④練習至一定程度後，變換方
向。

教練筆記 MEMO 此練習的腳步稱之
為「滑步」。練習
此腳步的重點在於
橫向移動的時候，千萬不可併
攏雙腳。雙腳的間距基本上不
可小於肩寬，移動時必須隨時
注意雙腳間的距離。

建議事項

如果移動時雙腳併在一起
的話，將會導致上半身不
穩而失去平衡。如此對手
就容易趁此空檔運球突
破，所以必須隨時加以注
意。

方法 074 側跑

目的
側跑是利用雙腳交叉移動的腳步練習。
常用於對付快速運球的進攻者。

擺好防守的基本姿勢。

將其中一隻腳朝橫向交叉跨出，
並向斜後方移動。

練習至一定程度後，
變換方向。

另一方向的練習也一樣，
腳步交叉，並向斜後方移動。

程序

①擺好防守的基本姿勢。

②雙腳交叉移動，並朝斜後方移動。

③練習至一定程度後，變換方向。

教練筆記 MEMO

當對手加速運球時，有時候利用滑步（P.110）會跟不上，此時就應該使用側跑的腳步來對應。請注意移動時頭不要上下晃動。

建議事項

比起滑步（P.110），側跑對於身體的負擔較小，所以低年齡層的球員可以確實地將這種腳步練好。實際比賽時根據進攻方的意圖，適度地交叉運用滑步跟側跑。

防守

方法
075

側跑及滑步

👤 人數　**1人～**

📍 地點　**任何場所皆可**

目的

**針對想要運球突破的對手，
壓低重心快速移動予以防堵。**

擺好防守的基本姿勢。

想像前方有對手欲快速運球突破防守，
朝斜後方移動。

維持低重心，
盡可能大動作地快速移動。

利用側跑至一定距離後維持低重心的姿勢，
改用滑步（P.110）。

程序

①擺好防守的基本姿勢。

②想像前方有對手欲快速運球突
　破防守，朝斜後方移動。

③移動時維持低重心，盡可能大
　動作地快速移動。

④跑至一定距離後維持低重心的
　姿勢，改用滑步的步伐。

📋 **教練筆記**
MEMO

當對方運球突破
時，有時候光用防
守腳步是跟不上
的。此時首先要利用側跑去追
對方，之後再以滑步的方式盯住
進攻者，也就是說必須壓低重心
且大動作的移動。等追上對方之
後，再利用滑步的步伐迫使對方
減緩運球的速度。

NG

使用此技巧
時，若雙腳抬得太
高，將無法跟上對方
的腳步，所以移動時
請特別注意這點。

方法 076 綜合運用（1對1）

難易度 ★★★☆★★

人數 2人～

地點 半場處

目的 此為更接近實戰的一種防守腳步練習。面對迂迴前進的進攻者時，可以運用多種的腳步對應。

持球的球員迂迴前進，而防守球員則視情況使用多種防守腳步與之對應。持球者的運球速度，可視練習的難易度做適當調整。

程序

①兩人一組，持球的球員運球迂迴前進。

②防守球員觀察持球者的動作，運用多種防守腳步與之對應。

教練筆記 MEMO

練習的時候基本上使用滑步（P.110），當對方的速度加快時，再利用側跑（P.111）來應對。另一方面，持球的球員則需變化運球方式，迫使防守球員做出不同的防守腳步動作。

建議事項

可藉由讓持球者運球，做更接近實戰的練習。進行練習前，教練要先明確訂定練習的目標，看是要不強制抄球以磨練防守腳步，還是讓球員進行實戰練習的1對1攻防。

防守

難易度 ★★★☆☆

方法 077 繞圈練習

人數　1人～

地點　半場處

目的 >> 讓球員熟練地運用滑步（P.110）做方向變換，
以應對進攻方的運球。

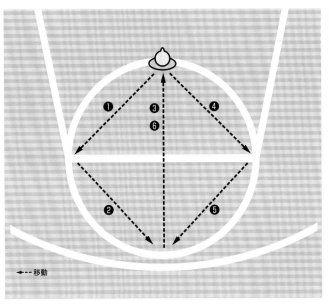

← -- 移動

程序

①如圖所示在球場圓圈線上擺好防守的基本姿勢。

②按照以下的順序，利用滑步做移動：❶往左後方移動、❷往右後方移動、❸往前方移動、❹往右後方移動、❺往左後方移動、❻往前方移動。

③一個方向的練習結束後，可換反方向練習。此外，也可以按照圖中❶、❷、❹、❺的路線，進行側跑的練習。

教練筆記 MEMO

想要順利地利用滑步變換方向，除了必須雙腳快速變換方向之外，還要妥善使用雙手讓身體保持平衡。比賽時通常會要求球員快速變換方向，但在習慣之前，以較慢的速度練習就可以了。

建議事項

通常這樣的練習會利用中圈或是罰球線的圓弧區來進行，但如果把練習的範圍再擴大，將更能提升這項技巧的純熟度。練習時請注意每次的腳步移動不可過於鬆散，要扎實地做好個移動的動作。

Basketball Column 06

努力練習防守的成果會直接反應在比賽上

相較於進攻上要維持一定命中率的困難度，透過練習所砥礪出的防守技術和態度，其實是可以直接反映在比賽上的。所以比賽中從頭到尾都能專心於防守的球員，通常會獲得總教練及隊友們的信賴。此外，就算比賽時球隊的進攻不順，但如果全體球員都能在防守上全力以赴，最後球隊找回自己比賽節奏的機率也相當高。所以出賽時間較長的球員，通常都是願意在防守上盡心盡力的球員。

難易度 ★★★★★

👤 人數　2人～

🏢 地點　任何場所皆可

方法 078　投籃、傳球、運球的應對

目 的　讓球員熟悉如何拿捏防守時與持球者的距離以及手部的動作。

基本型

與對方保持一定的距離，
擺出防守的基本姿勢。

若持球者做出投籃的動作，
需將手確實向上舉起。

若持球者做出傳球的動作，
需用手擋住持球者傳球的路線。

若持球者做出運球的動作，
需將手向下伸出做阻擋的動作。

程 序

①2人一組，其中一人持球，
　另外一人貼身防守。

②負責防守者需針對持球者做
　出對應的防守動作。當持球
　方欲投籃、傳球或運球時，
　需做出相對應的阻擋動作。

教練筆記 MEMO

與對方保持一定的
距離後，若對方要
投籃，就必須用手
去遮攔；當對方開始運球時，
則必須跟著伸手向下做阻擋動
作；若對方想傳球，則必須將
手伸向對方欲傳球的方向做封
阻動作。

建議事項

不管對方做出投籃、傳球
還是運球的動作，基本
上都要跟對方保持「One
Arm」，也就是自己一隻
手臂的距離去做應對的動
作。如果距離太短，容易
被對方帶球過人，如果距
離過長，則容易被對手用
跳投給終結掉。

投籃

運球

傳球

防守

籃板

1對1個人技術

小組配合

團隊進攻

團隊防守

基礎體能訓練

防守

信號防守

 人數　2人～

 地點　任何場所皆可

目的　**主要目的在於提高球員防守時的敏捷性。**
球員需根據信號手打出的信號，朝前後左右移動。

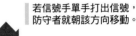

1人充當信號手負責打信號，
其他人則擺出防守的基本姿勢。

若信號手單手打出信號，
防守者就朝該方向移動。

若信號手雙手往前推，
防守者就向後移動。

若信號手雙手向上舉，
防守者就往前移動。

程序

①1人充當信號手負責打信號
（可由教練代勞），其他人
則擺出防守的基本姿勢。

②根據信號手打出的信號，迅
速前後左右移動。

教練筆記 MEMO　此防守練習也可
以作為暖身運
動。前後左右移
動時，請記得維持將頭抬起
的基本防守姿勢，千萬不要
漏看信號。

建議事項

基本上本練習是用手打信
號，讓球員依照信號前後左
右移動，藉此訓練防守的敏
捷性。不過也可以在練習中
加入其他信號，譬如夾雜笛
聲，若吹出長聲，則代表進
攻方已經掉球，這時可以要
求球員立刻向前爭球。

方法 080
無持球狀態的 1對1練習

人數　3人～

地點　半場處

目 的
訓練球員快速朝球移動的習慣。
同時也可培養球員對於球的執著態度。

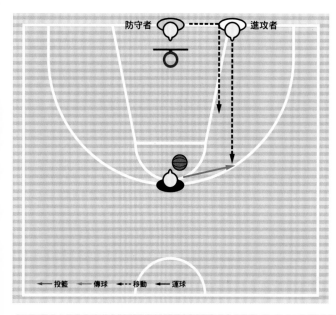

防守者　進攻者

←投籃　←傳球　←移動　←運球

程 序

①一人在弧頂的位置（可請教練代勞）將球滾到地板上。

②進攻者由底線開始向前移動，防守者則先在籃板後方待命，然後繞出來朝球的方向前進。

③進攻者撿起球後立刻進攻（投籃），防守者則必須阻撓。

教練筆記 MEMO

當球處於誰都沒有支配權的狀態，也就是「Loose Ball（無持球狀態）」時，球員的反應速度相當重要。本練習的設定是讓防守方在攻擊方後面追趕，所以防守方是否能仔細觀察周遭情況後迅速動作，也是本練習的目的之一。如果球場上出現雙方都沒有絕對控球權的情況時，請記得一定要積極地去爭球。

建議事項

有種練習方式可以更加提升球員在無持球狀態下的爭球意識。那就是讓攻守方球員同時開跑，去爭奪滾在地板上的球。透過這樣的練習所訓練出來的爭球意識，一定會對防守大有助益。

Basketball Column 07

替補出場的球員應該展現出攻擊與防守的企圖心

比賽進行到一定階段才被派上場的球員，由於是第6個出場的球員，因此通稱為「第6人」。這樣的球員往往被賦予扭轉目前球隊劣勢的重責大任，所以必須具備能在短時間內得分的能力，特別是進攻效率較高的三分球，如此一來球隊的士氣也會大為提升，進而扭轉戰局。除此之外，第6人在防守上的拚勁也非常重要，場上其他隊友會因此再次意識到防守的重要性而全力拚搶。

防守

方法 **081** 滾球後趨前防守

人數 2人～

地點 半場處

目的

所謂趨前，指的是防守者欲縮短與進攻者之間距離時的進逼動作。
本練習的目的在於讓球員面對要投籃的對手時，能快速做出對應動作。

防守者

進攻者

防守球員在底線持球，
進攻球員站在弧頂處。

防守球員將球由底線滾向進攻球員，
然後立刻向前移動。

防守球員向前至一定距離後，
小碎步緩衝一下前進的速度。

防守者需高舉雙手，
阻擋進攻者投籃。

程 序

①兩人一組，負責防守的球員
在底線持球。

②防守球員將球滾向位於弧頂
的進攻球員。

③進攻球員撿起滾過來的球後
作勢投籃。防守球員向前封
阻。

教練筆記
MEMO

當遠處的對手做出
投籃姿勢時，防守
方第一個念頭應該
是「不可以讓他投籃」，然後
快速趨近對方，利用小碎步緩
衝快跑的速度，上前做出防守
動作。

建議事項

就算對方已經做出投籃動
作，也不可以輕易放棄。
即使防守方只是趨近高舉
雙手，也能對進攻方造
成一定的干擾。為了突
顯出防守時高舉雙手的
重要性，也有人用「Big
Hand」來形容這時防守者
高舉的雙手。

難易度 ★★★☆☆

方法 082

阻擋兩翼投籃的趨前防守

👤 **人數** 3人～

📍 **地點** 半場處

目 的　兩翼是投籃機會很多的地方。
本練習的目的在於讓球員學會如何快速封阻對手自兩翼處的投籃。

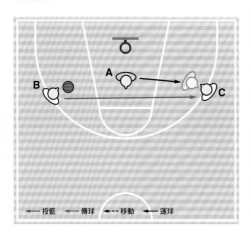

← 投籃　← 傳球　←--- 移動　← 運球

程 序

①如圖所示的位置排列。B先傳球給C。

②球傳出去的同時，A往C處移動。

③C進行投籃，而A必須予已封阻。

教練筆記 MEMO　此為教導球員，當位於兩翼處的球員接到球準備投籃時，防守方應如何確實對應的練習。
防守方除了要壓制對方的投籃之外，還必須學會萬一對方轉而運球時該如何處理。

難易度 ★★★☆☆

方法 083

協防還原防守

👤 **人數** 3人～

📍 **地點** 半場處

目 的　讓球員學習協防（暫時離開正在盯防的對象，協助隊友防守持球的球員）的基本概念。

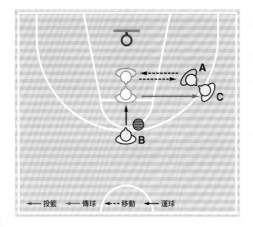

← 投籃　← 傳球　←--- 移動　← 運球

程 序

①如圖所示的位置排列。首先由位於弧頂的B向前運球。

②正在盯防C的A離開原來的防守位置，一起加入阻擋B運球的行列。

③B在A趨近後，將球傳給C。

④A回去盯防接到球的C。

教練筆記 MEMO　持球球員利用運球吸引防守者後，將球傳給隊友製造機會的進攻戰術，稱之為「切傳」。
面對這樣的進攻方式，防守方必須趨前才能有效阻止。請務必在洞悉對方的動作後，再做出對應的防守動作。

阻絕

用手阻斷盯防對象的傳球路線，使其無法接球

距離感
阻絕對方傳球路線的同時，要小心別讓對方繞到自己身後接球

技術解說 阻斷對方的傳球路徑

　　只對持球者施壓，稱不上是防守。讓自己盯防的球員接不到球，也是重要的防守技巧之一。

　　特別是當防守者已經盡力不讓在持球者附近的接球者繞到自己身後（甩開自己，到自己身後去接球）時，也要確實地封住對方球員的傳球路線。這樣的防守姿態稱之為「阻絕」對方的傳球。

　　要做好阻絕傳球的動作，最重要的是要有距離感。在阻斷對方傳球路徑的同時，也要注意不能靠盯防的對手太近。此外，用手去遮攔對方的傳球路徑，也是阻絕傳球重要的基本技巧。

▶▶▶ 阻絕的重點①

POINT
1

不要因為拼命想阻斷對方的傳球路徑，而讓盯防對象趁機繞到自己身後接球。

解說 注意不要讓盯防對象繞到自己身後

　　阻斷持球者與自己盯防對象之間的傳球路徑是絕對必要的。話雖如此，但如果太專心封阻，而造成過於貼近自己的盯防對象，使得對方趁機繞到自己身後接球，變成走後門，輕鬆上籃得分，那就真的得不償失了。所以防守者要隨時注意自己是否保持適當的距離。

▶▶▶ 阻絕的重點②

POINT
2

如果在籃下，防守球員必須貼近盯防對象，確實阻斷傳球路徑。

進攻者（要球方）

防守者

進攻者

解說 在籃下時要緊盯對方

　　所謂的禁區阻絕，就如同字面所述，必須針對在禁區要球的進攻方（在禁區附近要球單打的球員）進行阻斷傳球路徑的動作。由於盯防對象非常靠近籃下，所以接球後可能直接投籃取分。因此要更用心地貼身防守。特別是對方在很靠近籃下的區域想低位單打時，更應該盡量貼近對手並阻斷傳球路徑。

▶▶▶ 阻絕的重點③

POINT
3

如果只是跟在對手身後，稱不上是好的防守。

進攻者（要球方）

進攻者

防守者

解說 不可以只是跟在身後

　　阻絕的基本動作是積極地用手去遮攔對方傳球的路徑。特別是當對方在靠近籃下的區域想低位單打時，這時如果過於在乎對方的投籃動作，容易造成自己以背對籃框的姿勢防守，這是非常糟糕的。不讓對方輕易地傳球才稱得上是好的防守。

防守

難易度 ★ ★ ☆ ☆ ☆

方法 084 針對移動進攻方的阻絕防守

人數　2人～

地點　半場處

目的 確實執行阻絕防守（P.120），讓盯防的球員無法接球。

對位於兩翼的進攻者，採取阻絕防守。

進攻者　防守者

進攻者通過籃下，往反方向移動。

防守者在移動時，除了牢牢盯住進攻者外，也要注意位於弧頂的傳球者的動態。

當進攻者移動至反方向的兩翼處時，防守者須立刻舉起手做出阻絕姿勢。

程序

①本練習需安排一人負責防守，兩人負責進攻。負責進攻的其中一人（可請教練代勞）於弧頂持球，另一人至兩翼處接球。防守方需確實做好阻絕動作。

②進攻方通過籃下，往反方向移動。防守方一邊注意對方的傳球路線，一邊緊跟著進攻方球員。

③當進攻方移動至反方向的兩翼處時，防守方要立刻做出阻絕動作。

教練筆記 MEMO

負責防守的球員除了跟著進攻球員外，還要注意傳球者的傳球路線以便隨時抄球。當進攻者停下腳步時，防守者要立刻舉起手來封堵對方的傳球路線。高舉雙手可讓傳球者感到壓力，猶豫該不該將球傳出。

NG

阻絕的基本動作，是將手遮攔在盯防球員與球之間。如果離進攻的接球者太遠，另一個傳球者就會輕易傳球。反之，若過於貼近接球者，想積極封阻傳球路線的話，又會導致接球者繞到自己身後去。所以過與不及之間，防守者得小心拿捏。

方法 085 低位阻絕防守

難易度 ★★☆☆

人數 4人～

地點 半場處

目的 讓靠近籃下的進攻者（低位進攻者）無法接球。

防守者做出阻絕動作，
阻止弧頂的進攻者傳球給低位進攻者。

弧頂將球傳給兩翼的
進攻者。

防守方繞前防守，
阻止兩翼球員傳球給低位進攻者。

如果一直維持續前防守，將導致低位進攻者趁機
往籃下移動取分，所以這時要切換為阻絕防守。

程序

① 本練習需安排一人負責防守，三人負責進攻。負責進攻的其中一人站在弧頂，一人站在兩翼，另外一人至低位等待接應。防守方則需盯防低位的球員。

② 位於弧頂的進攻者持球後，防守者開始做出阻絕動作。

③ 弧頂球員將球傳給兩翼球員。

④ 防守方做出阻絕動作，阻擋兩翼球員傳球給低位球員。

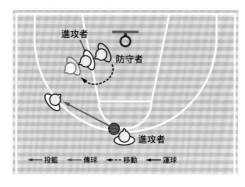

進攻者

防守者

進攻者

◀— 投籃　◀— 傳球　◀-- 移動　◀— 運球

教練筆記 MEMO

面對想要擠進籃下接獲傳球的進攻者，防守者要用肢體接觸來阻止對方接球。防守方需不畏懼這樣的肢體碰撞。強硬的防守態度乃是低位阻絕防守的必要條件。

防守

方法 086 低位防守

 人數　2人～
 地點　半場處

目 的

靠近籃下禁區附近的防守方式。
讓球員學會如何不讓進攻球員輕易投籃。

在靠近籃下的禁區附近進行攻防。防守者需利用
自己的身體甚至是手，阻擋進攻者（白衣者）。

如果進攻者想轉到左方，
防守者也要移動到左方予以阻擋。

如果進攻者想轉到右方，
防守者也要移動到右方予以阻擋。

如果進攻者要投籃，
防守者則需阻擋其投籃路線。

程序

①進攻者（低位進攻者）持
　球，防守球員採取適當的防
　守動作。

②面對想要投籃的進攻者，防
　守者需盡一切努力阻止。

教練筆記 MEMO

防守者的最大任
務，當然是想盡辦
法不讓自己盯防的
球員持球，但萬一讓進攻者接
獲了傳球，也不可因此渙散了
注意力。此時防守者要用身體
和手盡可能阻止對方，讓對方
無法做出投籃動作。這種用手
去抑制對方進攻的方式，也稱
之為干擾防守。

建議事項

無論防守者多麼盡力，持
球的對手還是有投籃出手
的可能。所以防守的重點
不在於完全不讓對方出
手，而在於如何降低對手
的命中率。所以球員在防
守時，請謹記一定要勤於
揮動自己的手，使其成為
「Big Hand」。

第5章
籃板
Rebound

籃板球是籃球特有的精髓技術。

甚至有人說：「能控制籃板球的人，就能控制比賽」

要搶贏籃板球，關鍵在於卡到好位置。

如果能做到，就算個子較矮的球員也能搶贏籃板球。

技術解說 **卡位**

POINT 1

確認自己盯防對象的位置。

確認對方的位置
持球者出手投籃後，馬上確認自己盯防對象的位置

POINT 2

為了防止對方進入籃下，必須貼身防守。

與對方的距離
確認對方的位置後，以身體貼近對方，使之無法進入籃下

技術解說 **首要目標為不讓對手靠近籃下**

當持球者出手投籃後，防守者不讓自己盯防的對象進入籃下而進行阻擋的動作，稱之為「卡位」。為了能確實掌握住防守籃板，去爭奪籃板球之前，應該先讓對手無法靠近籃下。這樣一來就算自己無法抓到籃板，至少其他隊友也會有機會。如果全體隊員都能積極卡位的話，球隊的籃板球能力將會大大提升。

POINT
3

轉身將對方卡在身後。

身體的方向
貼住對方後，轉身把對方擋在身後，方便爭奪籃板

POINT
4

擋住對方，讓對方無法進入籃下。

姿勢
運用全身，將一心想往籃下擠的對手推出籃下

STEP BY STEP　　　　　**卡位的訣竅**
Basketball　　　　　隨時注意自己的站位

　　當爭奪位置的對手身高比自己高，或是彈跳能力比自己強的時候，除了背向對方卡位之外，還可以直接面向對方卡位。正面朝向對方，可以更確實地防止對方進入籃下。但這樣一來，自己也不容易搶到籃板，所以通常會交由其他隊友幫忙爭奪籃板。無論什麼樣的卡位動作，在防守時移動到適當的位置，讓球隨時保持在自己的視線內並臨機做出判斷是非常重要的。

技術解說 雙手搶籃板球

確認對方
的位置
持球者出手投
籃後，馬上確
認自己盯防對
象的位置

姿勢
貼住對方身體
後彎下腰，防
止對方進入籃
下

POINT 1 縮短自己
與盯防對象間的距離。

POINT 2 張開手臂，增加卡位面積，
防止對手進入籃下。

技術解說 用雙手牢牢把球抓下

　　當對方出手投籃後，若能成功卡到好位置，或是對方尚未做好卡位的動作時，就有機會確實抓下籃板。此時應該用雙手去爭搶籃板，並在空中牢牢將球抓住。

　　另外，抓籃板不是把球抓下來後就算結束。落地的瞬間，一定會有對方的球員虎視眈眈想要搶球，所以不可以輕易將球往下擺，應該將球拿在較高的位置並不斷揮動，讓對方難以下手。

時機
跳到最高點時用雙手抓球

球的位置
落地後不要將球往下擺，基本上要牢牢地把球抓在胸前的位置

POINT 3　判斷好球的落點後，躍起用雙手抓球。

POINT 4　落地後牢牢抓住球，不讓對方搶走。

STEP BY STEP
Basketball

建議事項
籃板球的重要性

　　籃球界有句名言，那就是「能控制籃板球的人，就能控制比賽」。搶下籃板不但能增加己方攻擊的次數，當隊友投籃失手後，也可藉由搶下籃板，再度奪回進攻權。另外，對投籃的隊友來說，也會因為「有隊友會幫忙搶籃板」的安心感，而能放心地投籃。所以球員千萬別輕忽爭奪籃板的技術。

投籃

運球

傳球

防守

籃板

1對1個人技術

小組配合

團隊進攻

團隊防守

基礎體能訓練

技術解說

單手搶籃板球

姿勢
投籃後立刻確認對手的位置，防止其進入籃下

姿勢
盡可能地跳高，並在跳到最高點時抓球

技術解說 **能在更高的地方抓到籃板球**

當對方或隊友出手投籃後，若因為無法完全卡到位子（P.126）而必須與對手互爭籃板，或是對手也衝進來爭奪籃板時，就必須以單手來爭奪籃板。

比起雙手抓籃板，單手的好處是能在更高的地方抓到球。但也因為是用單手，所以抓到球後直接被對方搶走的可能性也相對增加。所以單手抓下球後，應該迅速用另一隻手幫忙護球，並盡可能把球保持在較高的位置。

此外，若無法在第一次的觸球機會中完全掌握住球的話，就必須連續彈跳，將球撥到靠近自己的位置。搶籃板球時，務必要針對當時的情況，臨機應變。

▶▶▶ 單手搶籃板球的重點①

POINT
1

抓到籃板球後，將球保持在較高的位置。

解説 **落地後請將球護在較高的位置**

確實掌握住球後，接下來要快速地將球拉近自己，並將球護在較高的位置。護球的位置基本上要在胸部以上，有時甚至必須將球舉至高於頭部。重點在於要隨時抬起頭，以觀察周遭的情形。

▶▶▶ 單手搶籃板球的重點②

POINT
2

將球放下容易遭對方抄球。

NG

解説 **不要輕易將球放下**

單手搶籃板和雙手搶籃板的共通之處，在於掌握住球後，不可輕易將球放下。若下意識地放下球，對手趁隙將球抄走的機率也會提高，因此不可不慎。

STEP BY STEP
Basketball

抓籃板的重點
投籃後立刻搶籃板

並不是身高高的人，就一定抓得到籃板。要爭贏籃板球，非搶到球不可的決心以及判斷球的落點的能力才是關鍵中的關鍵。另外，比較容易被忽略的一點是，投籃者本身在投籃後，立刻搶進攻籃板的意識。一般人會在投籃後，將搶籃板的責任交給隊友，但出手不進的球會彈到哪裡，其實最清楚的應該是出手者本人。因此出手者在投籃後搶籃板的意識也是相當重要的。

籃板

難易度 ★★★★★

方法
087

高拋後，快速彈跳抓球

人數 1人～

地點 任何場所皆可

目的
可在任何場所獨自練習。訓練球員跳到最高點後抓住球，
並迅速將球拉近身體護球的籃板動作。

程序

①將球高拋過頂。

②躍起後在最高點處抓球，並迅速把球收至胸前的位置。

教練筆記 MEMO
平時或賽前的抓籃板訓練是非常重要的。就算只是自己一個人去熟悉抓籃板的感覺，也可以當成很好的暖身運動。進行此練習時請記得一定要迅速地將球護在胸前的位置。

籃板

難易度 ★★★★★

方法
088

肩背互推練習

人數 2人～

地點 任何場所皆可

目的
爭奪籃板時，能耐得住激烈衝撞是基本條件之一，
所以首先要能夠習慣無球狀態下的身體接觸。

程序

①兩人一組，相互用背部和肩膀推擠對方。

教練筆記 MEMO
要在身體碰撞上贏過對方，重點為放低重心，以及善用全身的每個部分去做衝撞。此外，與對方進行強烈的肢體碰撞也毫不畏懼退縮的氣魄，亦是不可或缺的。

兩人一組，在無球狀態下
相互用背部和肩膀推擠對方。

方法 089

爭球練習

難易度 ★★★★★

人數 3人～

地點 任何場所皆可

目的 為了讓球員學習掌握彈跳的時機以及如何運用身體搶球，可讓球反彈地面後，由雙方球員在空中爭球。

3人1組，1人持球，另外2人面對面站定。

持球者在2人中間將球砸向地面，使其高高彈起。

負責爭球的2位球員抓準時機，準備在球彈到最高點時躍起搶球。

躍起後開始爭球。

程序

①3人1組，1人持球，另外2人面對面站定。

②持球者在2人中間將球砸向地面，使其高高彈起。

③2人躍起爭奪開始往下掉的球。

教練筆記 MEMO

習慣了身體接觸後，接下來就要透過更接近實戰的練習來提高自身的籃板能力。雙方爭球時，也許無法在空中就分出勝負，球可能因此掉到地上，這時球要盡快爭搶。培養對球的執著態度，也是本練習的目的之一。

建議事項

練習爭搶籃板時，注意力一定要集中，特別是在1對1的雙人練習時。因為失去專注力容易造成運動傷害。例如常有球員在落地的瞬間踩到對方球員的腳而扭傷，所以練習時請記得要保持專注力。

籃板

難易度 ★★★★★

方法 090　繞圈卡位

人數　2人～

地點　半場處

目 的　爭奪籃板的基本，在於不讓對方接近籃下。可以藉由讓球員守住置於圈內的球，學習如何用身體將對方卡出禁區之外。

2人1組，將球放在圈圈中央。其中1人負責搶球，
另1人則將對方卡在圈外（P.126）使之無法得逞。

程序

①2人1組，將球放在圈圈中央。

②其中1人做出卡位動作防堵對方入侵，另1人盡可能地搶球。

教練筆記 MEMO

負責防守的球員需盡全力不讓對手靠近球。這時防守方可以張開雙手及雙腳，用背部將對手卡在身後。另一方負責搶球的球員則得想辦法繞過防守方，去爭奪置於圈內的球。

NG

雙方展開肢體碰撞時，請注意手部不可有多餘的動作。如果手部出現不當拉扯或推擠，會被視為犯規，請小心注意。

方法 091
針對出手者的卡位

目 的　就算對方出手投籃，也不可因此失去專注力，
這時應習慣性地做出卡位（P.126）動作。

2人1組，防守方將球傳給進攻方後
開始練習。

進攻方在接球後立刻出手投籃。
防守方則立即趨前封阻。

投籃後，防守方迅速用身體
將進攻方卡在身後。

防守方一邊防止進攻方進入籃下，
一邊爭奪籃板球。

程 序

①2人1組，首先由防守方將球傳給進攻方。

②進攻方接球後立刻出手投籃。防守方則立即趨
前封阻。

③投籃後，防守方立刻卡位，之後一邊防止對方
進入籃下，一邊爭搶籃板球。

教練筆記 MEMO　試著模擬真實比賽的情況，在
籃下、中距離及三分線等地方
進行攻守練習。

建議事項

雙方爭搶籃板球後，直接進行1對1的攻守練習。搶
到籃板的球員可以直接展開攻擊。

籃板

方法
092

難易度 ★★★★★

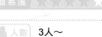

人數 3人～

地點 籃下

打板練習

目的

讓球員掌握跳至最高點時觸球的感覺。
也可當作暖身動作，讓全隊練習。

讓球員在籃下排成一列。第一位球員碰觸到由籃板反彈回來的球後，直接在空中打板，
之後排到隊伍後方。接下來的球員重複同樣的動作。

程序

①讓球員在籃下排成一列。

②第一位球員將反彈回來的球擲向籃板後，排到隊伍後方。

③接下來的球員一個一個在空中將球擲向籃板，使其不落地。

教練筆記
MEMO

要讓球不落地，除了控制好在空中打板的時機之外，彈跳能力和肢體方面的力量也必須有一定的水準才做得到。練習時請快速地進行彈跳動作，避免在持球狀態下落地。

籃板

方法
093

叢林練習

人數　3人～

地點　籃下

目的

**讓球員學習如何在籃下擁擠的情形下奪得籃板，並快速出手得分。
可以輕鬆的心情來進行這項練習。**

故意不投進球，讓參加者爭奪籃板。
拿到球後立刻出手，直到有人進球為止。

程序

①3人或4人一組。

②教練故意把球投偏，讓參加者爭奪籃板球。

②抓到籃板球的球員必須在其他球員的防守下投籃，直到其中一人順利投進球為止。

教練筆記
MEMO

此訓練可讓球員學會如何判讀球反彈後的落點，以及瞭解如何用身體去做攻守的動作，藉此培養抓籃板球的感覺。

籃板

方法
094

2對2卡位練習

人數　4人～

地點　半場處

目的

**模擬更貼近真實比賽的情況，
提升球員的籃板能力。**

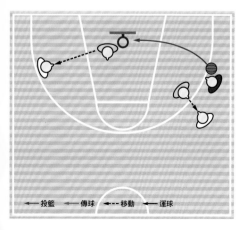

◀──投籃　◀──傳球　◀┈┈移動　◀──運球

程序

①4人一組，由教練持球，如圖所示排列成2對2的陣型。

②教練故意把球投偏。

③4人開始爭奪籃板球。負責防守的2人要卡位，讓對手搶不到球。

教練筆記
MEMO

可以把2對2的練習再拆成2組1對1，讓其中一人負責盯防投籃者，也就是有球側的卡位，另外一人則負責無球側的卡位。進行這項練習時，防守者常會漏掉自己盯防的對象，所以特別是負責無球側的球員，必須儘早確認自己盯防對象的位置。

籃板

難易度 ★★★★★

方法 095 彈跳能力練習

人數 1人～

地點 籃下

目的 》》 訓練抓籃板時必要的彈跳能力。

在籃下盡可能地往上跳。

碰觸籃板。
同時也試著用單腳起跳。

程序

①在籃下盡可能地往上跳。

②碰到籃板（可以的話盡可能地去碰觸籃框）後着地。

教練筆記 MEMO

跳躍的方法有兩種，一種是雙腳起跳，一種是單腳起跳。正式比賽中兩種跳躍方式都用得到，所以請球員務必訓練自己的彈跳能力。

建議事項

要提高彈跳能力，必須加強包含下半身肌力的整體體能。但如果過度操練成長期的球員，有可能會造成受傷等危險，所以進行此項訓練時需多加注意。

第6章
1對1個人技術
One on One

籃球雖然是團隊運動，
但若個別球員的1對1能力不佳，是無法贏得比賽的。
因此，必須學會如何擊敗對手。
當中的訣竅在於運用節奏的變換。

技術解說 空手擺脫

POINT 1

進攻者在籃下準備開始移動。持球者（教練）原地運球，等待傳球時機。

位置
進攻者找尋由籃下朝外側移動的機會

POINT 2

快速移動甩開對手，至外側接球。

開始移動
當持球者（教練）停止運球後，立刻朝外側移動

技術解說 空手擺脫

　　空手擺脫接球後準備進攻的動作稱之為「Ball Meet」。若能順暢地做出Ball Meet的動作，在使用投籃、傳球、運球等這些有球在手的技巧時，將更能發揮到極致。

　　比賽進行中，進攻者經常會至外側接球，這樣的技巧稱之為「Meet Out（外側

快速移位）」。當持球者停止運球時，就是進攻者跑動移位的時機。此外，接球之後，進攻者必須立刻面向籃框（身體轉至籃框方向）。此技術的關鍵在於能快速的做出移位動作。

POINT
3

在拉開與對手的距離後接球。

停止
接球後需確實停住，以便快速做出下一個動作

POINT
4

轉身面向籃框。

接球後的動作
轉身後立刻確認周遭情勢。如果離防守者有一段距離，則第一選擇為出手投籃

STEP BY STEP
Basketball

接球後的動作
根據場上情勢決定腳步

Ball Meet依移動的腳步，大致分成兩種。一種是左右腳交互着地的單腳墊步，以及左右腳同時着地的雙腳墊步。單腳墊步有可順著移動步伐直接接球的好處，而雙腳墊步的好處，則在於接球後可以自行決定哪隻腳為軸心腳。比賽時請依照場上的狀況，自行決定該用哪種腳步做移動。

持球

難易度 ★ ★ ★ ★ ★

方法
096

持球的基本姿勢

人數 2人～

地點 任何場所皆可

目的

讓球員學會無論下一個動作是什麼，
都能在那之前維持雙手持球的基本姿勢。

做出蹲低重心，
頭往上抬的持球基本姿勢。

將球左右移動，確認是否能在移動球時
保持基本姿勢不變。

程序

①做出持球的基本動作。

②將球左右移動後，確認自己是否依然能保持球的基本姿勢。

教練筆記 MEMO

無論下一步要做什麼動作，在那之前都能維持持球的基本姿勢是非常重要的。基本上，持球時下半身雙腳的幅度要比肩膀稍寬，然後膝蓋適當彎曲。此外，頭要抬起來，手上的球也要抓緊，以便能迅速做出下個動作。練習時可以將球左右移動，確認自己是否能維持正確的持球姿勢。

建議事項

這樣的基本姿勢也稱之為「三種威脅」。也就是說持球時能夠隨時做出投籃、運球切入、以及傳球等三種威脅對手的動作。以職業球員來說，通常他們的這種動作會因人而異，不見得每個人都一樣。這是因為每個球員習慣的進攻準備動作不同所致。話雖如此，基本功還是最重要的。所以請好好學習正確的動作。

持球

方法 097

以軸心腳爲圓心，做跨步旋轉攻擊動作

難易度 ★★☆☆☆

人數 1人～

地點 任何場所皆可

目的

學習如何由持球的基本姿勢，
以軸心腳做出轉身動作，藉此避開防守者的抄截。

做出持球的基本動作。

軸心腳

其中一隻腳當作軸心腳，
並移動另一隻腳讓身體轉向。

程序

①做出持球的基本動作。

②其中一隻腳固定為軸心腳不動，並移動另一隻腳讓身體轉換方向。

基本型

軸心腳

軸心腳不動，另一隻腳大步跨向前，
此為比賽中常用的腳步。

軸心腳

注意不要移動軸心腳，
另一隻腳向後跨出。

教練筆記 MEMO

持球時固定在地板上不動的腳稱為「軸心腳」，而可以自由移動的腳則稱為「自由腳」。以軸心腳為軸讓自由腳能隨心所欲的移動，對展開攻擊有相當大的幫助。

建議事項

若能在做此練習時加上防守球員，使之對應持球球員的動作，將更有親臨比賽的感覺。如果要進一步模擬比賽的情境，則可直接讓球員進行1對1的較量。防守及進攻可以交互進行。

投籃

運球

傳球

防守

籃板

1對1個人技術

小組配合

團隊進攻

團隊防守

基礎體能訓練

投籃

方法 098

接球後立刻投籃

人數 3人～

地點 半場處

目的 甩開對方的防守後接球，然後立刻出手投籃。

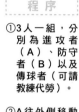

程序

①3人一組，分別為進攻者（A）、防守者（B）以及傳球者（可請教練代勞）。

②A往外側移動後接球，接著立刻出手投籃。B則趨前防守。

防守者（B）盯防進攻者（A）。

A往外側移動後接球。

A接到球後將身體轉往籃框方向，準備投籃。

A跳到最高點後出手投籃。B則趨前防守。

教練筆記 MEMO

進攻方接到球後，請注意不要將球朝下擺，應該立刻投籃。若接球後將球朝下擺，會拖慢整個投籃節奏，讓防守者有應對的時間。

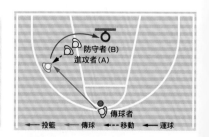

防守者（B）
進攻者（A）
傳球者

← 投籃　← 傳球　← 移動　← 運球

難易度 ★ ★ ★ ★ ★

方法 099 接球後運球切入

人數 3人～

地點 半場處

目的 甩開對方的防守後接球，
然後運球過人直接上籃取分。

程序

①3人一組，分別為進攻者（A）、防守者（B）以及傳球者（可請教練代勞）。

②A往外側移動後接球。

③A在接球後運球甩開B的防守，直接切入籃下上籃取分。

進攻者（A）移動至外側接球
（B為防守球員）。

B前往施壓。

A確認與B之間的距離，
如果有空隙，就過人切入。

A直接上籃取分。

教練筆記 MEMO　進攻者持球時，若發現防守者離自己有一定的距離，可直接投籃；但若彼此之間的距離太近，則可先運球突破再尋找投籃的時機。運球突破的重點在於跨出的第一步要大，運球時力道要強，整個動作才能一氣呵成。

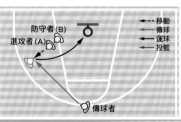

防守者（B）
進攻者（A）
傳球者

--- 移動
→ 傳球
→ 運球
→ 投籃

NG

運球突破時若力道不夠，對方只要稍微一撥，就有可能會將球給撥走。所以運球時請謹記要有一定的力道，以防對方抄球。

難易度 ★★★★★

方法 100 **後彈跳投籃**

人數 3人～

地點 半場處

目 的 ▷ 甩開防守球員後接球。
接著假裝向前運球實則後彈跳，在拉開與對方的距離後投籃。

負責進攻的球員（A）向外側移動後接球。（B為防守球員）。

B趨前防守
阻擋對方運球。

A向前運球，
接著突然以後彈跳步伐甩開B的防守。

拉開與B的距離後，
A快速投籃。

程 序

① 3人一組，包含進攻者A、防守者B、以及負責傳球的人（可請教練代勞）。

② A往外側移動後接球。

③ A假裝向前運球切入，讓B跟著後退。

④ A於運球途中向後大步彈跳，拉開與B的距離。

⑤ 拉開與B的距離後，A快速投籃。

教練筆記 MEMO

向後跨大步之後，身體容易失去平衡。如果在身體失去平衡的狀態下出手，很難提高命中率。因此球員必須具備即使向後彈跳投籃也不會失去平衡的技巧，以及相當的肌力。

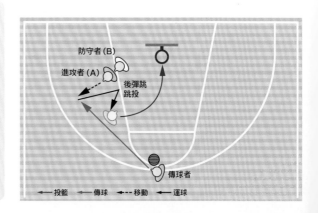

防守者（B）

進攻者（A）

後彈跳跳投

傳球者

←—投籃 ←—傳球 ◀--移動 ←—運球

方法 101 急停加速切入

目 的 》 甩開防守球員後接球。
接著透過變換運球的節奏甩開對手投籃。

負責進攻的球員（A）向外側移動後接球。
（B為防守球員）。

A假裝要運球突破，
實則減緩速度拉開與B的距離。

A在減緩速度後，
立刻再度加速突破B的防守。

甩開B之後
直接投籃。

程 序

①3人一組，包含進攻者A、防守者B、以及負責傳球的人（可請教練代勞）。

②A往外側移動後接球。

③A運球向前，B則跟上去防守。

④A在運球途中減緩速度，B試著跟上A的節奏。

⑤A立刻再度加速甩開B的防守，之後投籃。

教練筆記 MEMO

要在1對1的攻防中勝過防守方，速度的變換是相當重要的。若能在運球時減緩速度（或直接停下來），接著突然加速使速度的落差變大，將能使防守者措手不及，難以反應。

難易度 ★★★★★

方法 102 接球後轉身投籃

人數 3人～

地點 半場處

目的 甩開防守球員後接球。
接著運球轉身甩開對手投籃。

負責進攻的球員（A）向外側移動後接球。（B為防守球員）。

A側身對B。

A以靠近B的那隻腳為軸心腳，
自由腳朝另一方向轉身。

A甩開B之後
直接投籃。

程序

① 3人一組，包含進攻者A、防守者B、以及負責傳球的人（可請教練代勞）。

② A往外側移動後接球。

③ A在接球之後側身向B。

④ A以靠近B的那隻腳為軸心腳，自由腳則朝另一方向轉身。

⑥ A甩開B之後直接投籃。

教練筆記 MEMO 這個技巧在接球後遭受強大壓迫的防守時特別有效。最重要的是，轉身時絕對不可移動軸心腳，以及轉身的速度一定要快。接下來要注意的就是投籃時要保持平衡，不可失去重心。

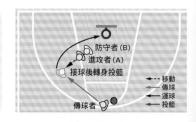

防守者（B）
進攻者（A）
接球後轉身投籃

傳球者

- - - → 移動
———— 傳球
———— 運球
———— 投籃

難易度 ★ ★ ★ ★ ★

方法 103

試探步投籃

人數 3人～

地點 半場處

目 的 >>> 甩開防守球員後接球。
接著用試探步（往前踏出一步假裝切入後，將該踏出的腳收回）拉開與對手的距離，然後投籃。

負責進攻的球員（A）向外側移動後接球。
（B為防守球員）。

A正對B，
然後單腳大步跨出。

當B退後之後，
A將踏出的腳收回。

A拉開與B的距離之後，
直接投籃。

程 序

①3人一組，包含進攻者A、防守者B、以及負責傳球的人（可請教練代勞）。

②A往外側移動後接球，然後正對B。

③A單腳大步跨出，接著快速收回踏出的腳，投籃。

教練筆記 MEMO

此為軸心腳固定不動，用另一隻腳做假動作的1對1技巧，也是方法98~103的延伸性技巧。基本上本書是以難易程度來編排順序，請各位依自己的程度循序練習。

NG

接獲傳球後所跨出的第一步若是步伐太小，將無法誘使對手向後移動；但若步伐太大，又容易讓自己失去平衡。因此在利用自由腳做假動作時，最好拿捏至能保持身體平衡的腳步較佳。

技術解說 內線1對1的卡位動作

雙手
一邊利用雙手擋住對方，一邊向隊友示意傳球路線

姿勢
將腳張開，盡量用全身每一個部位擋住對方

技術解說 利用全身的每一個部位擋住對手

理所當然的，越接近籃框，投籃的命中率就越高。所以當己方佔據內線（靠近籃下的位置）的位置時，防守方一定會嚴密防守阻止我們持球。

這個時候需要的就是利用全身的每一個部位擋住對手，以利接球進攻。此技巧的重點在於張開雙手，擋住背後試圖阻斷傳球路線的防守者，然後向隊友示意可以將球傳過來。

▶▶▶ 內線1對1卡位的重點①

POINT
1

身體貼緊對手，向隊友要球。

懂得利用
自己的身體

　　要擋住試圖干擾傳球路線的防守者，身體貼緊對方是相當重要的。要確實地擋住對方，其中一個方法是坐在對方的大腿上一般，將自己的臀部貼住對方的大腿。如何善用自己的身體，將是能否在內線卡位戰中勝出的關鍵。

▶▶▶ 內線1對1卡位的重點②

POINT
2

接到球後緊緊抓牢，並將球遠離防守者。

將球緊緊抓牢

　　內線的進攻球員在接獲傳球後，首先要做的是緊緊抓牢球，然後將球遠離防守者，並確認周遭的情況。如果防守者的距離離自己較遠，可選擇直接投籃，若看到隊友有空檔，也可選擇傳球。總之，在接球後要能迅速地做出下一個動作。

▶▶▶ 內線1對1卡位的重點③

POINT
3

傳球者可依場上形勢使用地板傳球等其他傳球技巧。

可利用多種
傳球技巧

　　想在1對1的內線卡位戰中勝出，傳球者的傳球方式也是決定勝負的重點之一。比較常使用的是以腳邊為傳球目標的地板傳球，以及往接球者頭上傳的高吊球。請依場上形勢，傳出最適當的球。

運球&投籃

方法 104 強力運球&勾射

人數　2人～

地點　籃下

目的

此練習需在接近籃下的位置進行。
球員可藉由強力運球所反彈的力道，順勢做出勾射動作。

在籃下進行1對1的攻防。首先由負責進攻的球員（A）運球。（B為防守球員）。

A找尋適當時機強力運球，然後將靠近防守方的那隻腳用力跨出。

A利用身體擋住B，準備勾射。

利用從地板反彈上來的球威，順勢勾射。

程序

①在籃下附近，也就是禁區線上進行1對1的攻防。首先由負責進攻的球員（A）一邊運球，一邊觀察周遭情勢。（B為防守球員）。

②A找尋適當時機強力運球，然後將靠近防守方的那隻腳用力跨出。

③A利用身體擋住防守者，然後藉著球反彈的力道，順勢勾射。

教練筆記 MEMO

在禁區附近運球時，除了負責盯防自己的防守者外，也會有其他防守者出手抄球。因此持球者必須將球運低，預防對方掠奪。

難易度 ★★★★★

人數 2人～

地點 籃下

方法 105 1對1轉身投籃

目的 此單元需在接近籃下的位置進行。
球員需運球後做出轉身動作甩開對方投籃。

程序

① 在籃下附近，也就是禁區線上進行1對1的攻防。首先由負責進攻的球員（A）一邊運球，一邊觀察周遭的情勢。（B為防守球員）

② A找尋適當時機，轉身。

③ A甩開B的防守後直接上籃。

在籃下進行1對1的攻防。首先由負責進攻的球員（A）運球。（B為防守球員）。

軸心腳

A找尋適當時機，轉身。

由於此練習的重點在進攻，所以B不需跟防得太緊。

A甩開B的防守後直接上籃。

教練筆記 MEMO 在籃下要做這個動作前，特別要注意的是轉身的時機。尤其對方的身高比自己高時，若無法甩開對手的話，是很難將球投進的。因此球員需練就一身讓防守球員抓不着頭緒的漂亮轉身動作來幫助進攻。

運球&投籃

難易度 ★ ☆ ★ ★ ★

方法 106 橫向掩護後的1對1

人數 3人～

地點 籃下

目 的 所謂的橫向掩護指的是兩位未持球的球員透過橫越禁區的掩護動作後，形成空檔，製造得分機會。此單元除了可讓進攻者練習橫向掩護的動作外，還可以讓負責掩護的球員轉換成防守者的角色，進行1對1的攻防練習。

進行掩護的B球員橫向為被掩護者A球員做一掩護。B球員做為掩護動作後，需轉換成防守者角色的球員，站在如圖所示的位置。

B往籃下附近移動做掩護動作，A則從旁切過。

移動到適當位置後，A看準時機接球。

此時B從掩護者變成防守者，開始1對1的攻防練習。

程 序

①3人一組，包含被掩護者（A）、掩護後轉換成防守者的球員（B），以及傳球者（可請教練代勞）。A和B站在如圖所示的位置。

②B往籃下附近移動做掩護動作。

③A利用B的掩護，從B的身旁穿過。

④移動至定點的A接傳球，B則由掩護方變成防守方，雙方展開1對1的攻防練習。

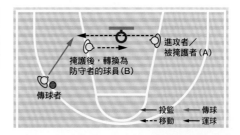

進攻者／被掩護者（A）

掩護後，轉換為防守者的球員（B）

傳球者

← 投籃　← 傳球
←- 移動　← 運球

教練筆記 MEMO　要在籃下順利接到球，移動也是很重要的。球員必須透過練習，習慣在移動中接球。

第7章
小組配合
Team Work

要學會小組配合，
首先得能在2對2的攻防中順利拿下分數。
在掩護等動作的幫助之下，
進攻方必須至少練習到能夠出手為止。

技術解說

持球的2對2

POINT 1

持球者將球抓牢，並觀察場上形勢。

持球者
需仔細觀察場上形勢，若發現隊友有空檔，才能迅速傳球給隊友

POINT 2

持球者開始運球移動，展開進攻。

運球
運球時需注意隨時抬起頭，以確認場上形勢的變化

技術解說　**和隊友的默契**

　　擁有1對1對決的膽量和氣魄固然重要，但在遭到對方嚴密防守的情況下，如果不懂得和隊友合作，是無去順利得分的。

　　在學會如何與全體隊員配合展開進攻之前，若能先掌握住2對2時球的移動方式，

將有助於展開之後的進攻。其中最具代表性的，就是這裡介紹的「隨球移動」。球員可透過一邊運球一邊尋找傳接球時機，訓練兩人的默契。

POINT 3

另一名進攻者快速朝持球者的原位置移動。

接球者
持球者停止運球後，另一名進攻者需甩開盯防自己的球員，快速往原持球者空出的位置移動

POINT 4

接球之後，面向籃框，快速做出下一個進攻動作。

接球後的動作
接球後，基本上需立刻面向籃框。但在接球之前，必須先確認對手的防守位置才行

STEP BY STEP

Basketball

持球2對2的練習重點

走到空位處接球

　　這個動作是持球2對2進攻中最基本的一項技巧。比賽時球員必須隨時觀察球場上哪裡有空檔，此處的做法是持球者運球移動後，另一名進攻者利用其空下的位置（原持球者所在的位置）。接球者為了甩開對手，必須快速移動，或先往籃下之後再往目標位置前進。在掌握住移動的動線之前，可先減緩速度以熟悉動線。

小組配合

方法 107 強邊切入

人數 4人～
地點 半場處

目的 一邊往籃下移動一邊接球，然後順勢投籃得分。像這樣在防守者前移動的切入方式稱之為「強邊切入」。

進行2對2的攻防。持球者（A）與另一名進攻者（B）及防守者如照片所示站定。

A運球向右移動，之後B以L形移動甩開對手，並接住A的傳球。

A將球傳出去後，
立刻朝盯防自己的防守球員前方切入。

之後A接獲B的回傳球，
直接上籃得分。

教練筆記 MEMO
傳球後不可停留在原地，必須立刻移動，這是籃球運動中最基本的概念。就算自己已經沒有持球，但其他隊友可能會移動至原本自己所在的位置，展開攻擊。所以練習的時候，切記傳球後要適當的移動。

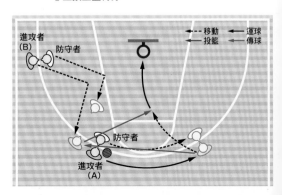

難易度 ★★★★★

方法 108

弱邊切入（走後門）

人數 4人～
地點 半場處

目的 左頁的「強邊切入」可有效阻止防守者的在前防守，輕鬆進入籃下。此單元的弱邊切入則是由防守者的背後切入取分。

進行2對2的攻防。持球者（A）與另一名進攻者（B）及防守者如照片所示站定。

A將球傳給B後，朝盯防自己的防守球員後方切入。

A一邊往籃下切入，一邊準備接應B的回傳球。此時B應調整傳球的時機以及力道。

A接到B的回傳球後，立刻上籃取分。

教練筆記 MEMO

正式比賽時，球員可以假裝做強邊切入，實際上卻進行弱邊切入（走後門）。或是當防守方已對弱邊切入有所防備時，進行強邊切入。透過如此和防守方周旋，才能製造出無人盯防的空間。

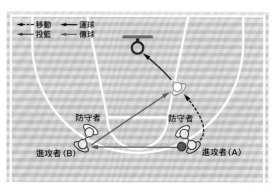

移動　運球
投籃　傳球

防守者　　防守者
進攻者（B）　進攻者（A）

投籃
運球
傳球
防守
籃板
1對1個人技術
小組配合
團隊進攻
團隊防守
基礎體能訓練

159

小組配合　　　　　　　　　　　　難易度 ★★★★★

方法 109　兩人切傳練習

人數　4人～
地點　半場處

目的　透過兩翼間的合作取分。持球者先運球吸引防守者包夾，接著傳球給空檔的隊友取分。

進行2對2的攻防。持球者（A）與另一名進攻者（B）及防守者如照片所示站定。

A運球切入，當另一名防守者趨近防守時，將球傳給B。

B需在接球前移動至容易接球或攻擊的位置，之後等待A的傳球。

B接到傳球後立刻投籃。
而原來的防守者需立刻趨前防守出手的球員。

教練筆記 MEMO　當持球者有所行動時，其他空手的球員應該思考自己下一步該怎麼行動才能協助進攻。此外，為了能在實際的比賽中正確掌握接獲傳球的時機，平常練習時就應該反覆訓練。另外，也要針對運球過人後如何與隊友配合，進行配合度的練習。

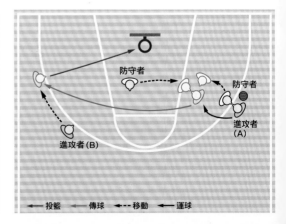

防守者
防守者
進攻者（A）
進攻者（B）

◄── 投籃　◄── 傳球　◄--- 移動　◄── 運球

難易度 ★★★★★

方法 110 兩人裡外組合（一）

👥 人數 4人～
📍 地點 半場處

目的 學習利用低位單打取分的基本動作。先由兩翼球員傳球給低位球員，再由低位球員轉身或利用單打腳步甩開防守球員投籃取分。

進行2對2的攻防。持球者（A）與另一名進攻者（B）及防守者如照片所示站定。

A尋找適當時機，傳球給B。

B接球之後，視情況轉身或利用其他單打腳步準備投籃。

B晃開防守球員後立刻出手投籃。

教練筆記 MEMO
傳球給低位球員的時候，基本上應該用地板傳球，因為這樣比較容易讓隊友接球也比較不容易讓防守者有抄截的機會。還有，傳球者要確認防守者的動作後再傳球，以免遭到破壞或抄截。

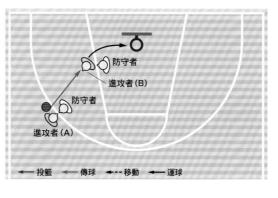

防守者
進攻者（B）
防守者
進攻者（A）

← 投籃　　← 傳球　←-- 移動　← 運球

小組配合

方法 111 **兩人裡外組合（二）**

目 的　藉由兩翼球員和低位球員的互動來取分。
內線球員將球分給外線球員後，直接投籃取分。

持球者（A）與另一名進攻者（B）及防守者如照片所示站定。首先由A傳球給B。

防守者對B展開包夾。

A移動至適當位置以接受
B的回傳球。

A接到回傳球後立刻
快速投籃取分。

教練筆記 MEMO

對外線投籃的人來說，由內線球員傳出，也就是從正面傳過來的球，是接到後最容易出手的傳球。因此由底線的傳球所發起的攻勢，是「內外組合」中很重要的一環。在接到內線球員傳出的球之前，請先想想應移動到什麼位置才恰當。

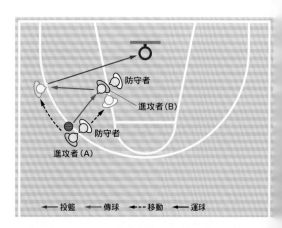

防守者

進攻者（B）

防守者

進攻者（A）

◆── 投籃　◆── 傳球　◆- - 移動　◆── 運球

方法 112 利用低位球員製造進攻空間

難易度 ★★★★★

人數 4人～

地點 半場處

目的
此處的目的與左頁相同,是藉由兩翼球員和低位球員的互動取分。
低位球員需懂得製造出空間,讓隊友有機會切入籃下。

進行2對2的攻防練習。持球者(A)與另一名進攻者(B)及防守者如照片所示站定。

A運球甩開盯防自己的防守球員。

B將自己的防守球員擋在身後,替A製造出切入空間。

A透過B製造出的空間,上籃取分。

教練筆記 MEMO
當後衛或前鋒從兩翼運球至籃下停球,而中鋒已在外側取得有利位置時,這樣的情況就有如球員的位置互換。所以如果所有球員的技巧都一樣全面,不受位置限制的話,那麼即使發生這樣的情況,球隊的攻擊也能正常運作不受阻礙。

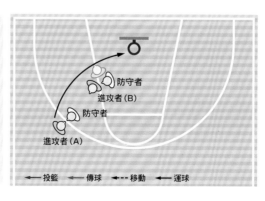

防守者
進攻者(B)
防守者
進攻者(A)

← 投籃　← 傳球　←--移動　← 運球

小組配合

方法 113 高低位攻擊

目 的 透過高位（罰球線附近）球員將球傳給低位（接近籃下的禁區線附近）球員，直接投籃。

（被防守者阻擋住傳球路線）

進攻者（A、B）、防守者、以及傳球者（可請教練代勞）如照片所示站定。

當B在禁區邊被防守球員擋在前無法接到球時，A往高位移動，準備接應球。

A在高位接到球後，找尋適當時機傳球給B。

B於低位接球後，快速投籃取分。

教練筆記 MEMO

此攻擊戰術是為了有效利用兩名禁區球員所設計，因此若隊上長人較多的話，將更能發揮。符合此條件的隊伍請反覆做這個練習，直到球員熟稔為止。另外，有一種與此練習完全相反的戰術，因為是由低位往高位傳球，所以稱之為「Low High」，其在正式比賽中也相當奏效。

進攻者（B）

防守者　　　　　　　防守者

　　　　　　　　　　進攻者（A）

教練

← 投籃　← 傳球　◄-- 移動　← 運球

難易度 ★★★★★

<table>
<tr><td>人數</td><td>4人～</td></tr>
<tr><td>地點</td><td>半場處</td></tr>
</table>

方法 114　底線空手走位

目的　當低位球員運球單打時，通常會吸引2名防守方球員來包夾，此時防守方無法全力盯防的進攻者就會產生空檔。此練習的目的就是要讓各位學習如何活用這位空手球員製造出來的空檔來協助球隊取分。

進行2對2的攻防練習。持球者（A）、另一名進攻者（B）、以及防守者如照片所示站定。

A強力攻擊，
假裝單打。

B趁防守自己的球員前去協防時，
往籃下切入。

B在籃下接到傳球後，
快速投籃取分。

教練筆記 MEMO　另外一種進攻模式是，最初的持球者往反方向的底線運球，此時另一位進攻者一樣可以在防守方疏於防範的時候覓得空檔，接球取分。請在練習時多演練不同的進攻模式。

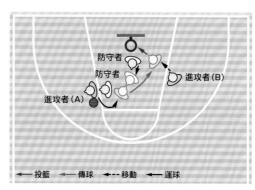

防守者
防守者
進攻者（B）
進攻者（A）

← 投籃　← 傳球　◄-- 移動　← 運球

技術解說 掩護

盯防被掩護者的球員
即使是進攻掩護的練習，防守方也要盡可能地貼身防守

掩護者
像道屏障一樣，負責阻擋防守方的球員

盯防掩護者的球員
會依情況從盯防掩護者轉換為盯防被掩護者

被掩護者
利用掩護者進行進攻的球員。以這張照片為例，只要朝箭頭的方向移動，就能擺脫防守者糾纏

技術解說 2對2攻擊不可或缺的戰術

　　所謂的「掩護」，指的是在對手的行進路線中，像道屏障一樣擋住對方去路的一種戰術。這種戰術在2對2，甚至是全隊的進攻當中都扮演著不可或缺的角色。

　　作為掩護方的球員必須擺出扎實的擋人姿勢，以確實擋住防守者。此外，掩護方在做掩護動作時，切記不可亂動。如果在做掩護動作時失掉自己的位置，跟著防守者一起移動的話，將會造成掩護犯規。這點請多加留意。

▶▶▶ 掩護練習的重點①（有球側）

POINT 1

被掩護者經過掩護者的身旁。

掩護者　持球者（被掩護者）

持球者（被掩護者）　掩護者

需貼近掩護者身旁運球突破

解說

　　使用掩護戰術時，被掩護者需貼近掩護者身旁運球突破，如此一來才可以確實地將盯防自己的球員帶到掩護者的身邊去。

　　此外，掩護者的基本動作是，將雙手放在身體前方、重心蹲低。要是用手去抓住對方的話，會形成犯規。

▶▶▶ 掩護練習的重點②（無球側）

POINT 2

就算空手，也可以利用掩護來取得空間。

被掩護者　掩護者

掩護戰術可用在很多地方

解說

　　其實不只持球的球員需要與對手周旋，空手的球員，也就是「無球側」的球員也需要做出一番努力，好讓自己能順利接球。其中的一種方法就是利用掩護戰術。掩護者與被掩護者必須隨時觀察持球隊友的動向，當掩護者發現可能有機會替被掩護者創造空間的時候，就必須覓得適當時機趨前掩覆對方，創造得分機會。

STEP BY STEP
Basketball

空手時的動作
就算手上沒有球，也要集中注意力

　　在籃球比賽中，1名球員持球的時間是非常少的。因此空手的時候如何利用掩護戰術來提高進攻效率，將大大影響球隊進攻的成敗。球員空手時往往容易鬆懈，但若因此吝於跑動的話，是無法成為頂尖球員的。球員應隨時維持基本姿勢（P.26），並思考該如何動作才能讓球隊獲得勝利。

小組配合

方法 115　掩護後投籃

人數　4人～
地點　半場處

目 的　此為最基本的掩護戰術之一。
持球者可利用掩護甩開防守者自行取分。

掩護者（B）朝被掩護者（A：此例為持球者）移動。

B朝盯防A的防守球員
做出掩護動作。

A利用掩護甩開盯防自己的
球員。

A在跑出空檔後，
投籃。

教練筆記 MEMO

　　進行掩護戰術時最重要的是利用掩護者，也就是被掩護者在移動時，應該盡可能貼近防守者身邊。這種比肩而過的動作稱之為「Brushing」。練習時要常提醒自己貼近對手，以順利將對手甩至身後。

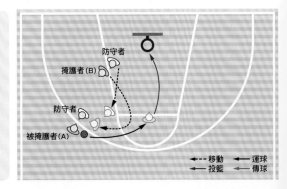

防守者
掩護者（B）
防守者
被掩護者（A）

◀--- 移動　◀── 運球
◀── 投籃　◀── 傳球

方法 116 掩護後切入

人數 4人～
地點 半場處

目的 左頁掩護戰術的延伸戰術之一。進行掩護後投籃（P.168）時，防守者可能採交換防守方式或兩位防守者可能會上前包夾被掩護者，此時掩護者可往籃下方向走，接獲被掩護者傳球後投籃。

被掩護者（A：此例為持球者）利用掩護者（B）甩開防守球員。

原本防守B的防守者
轉而去防守A。

B在防守者過去協防後，
往籃下移動。

B接獲傳球後投籃。

教練筆記 MEMO 在進行掩護戰術時，無論掩護者或被掩護者，都必須保持寬闊的視野。每個進攻球員都要隨時注意沒有在盯防自己的防守球員，掌握整場比賽狀況。只有做到這點，才能有效突破防守。

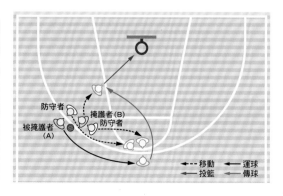

難易度 ★★★★★

方法 117 掩護後外拉跳投

人數 4人～

地點 半場處

目　的 進行掩護後切入（P.169）之後，防守者的注意力通常會被吸引至籃下。此刻若掩護者不採往籃下切入的方式而採取外拉至中距離處跳投，將能得到不錯的空檔。

被掩護者（A：此例為持球者）利用掩護者（B）
移動。

原本防守B的防守者
轉而去防守A。

B在防守者過去協防後，
外拉至中距離處。

B接獲傳球後投籃。

教練筆記 MEMO　如果B在中距離要出手時，有防守者靠過來的話，也可以做個假動作晃開防守者後再出手。像這樣增加戰術的靈活性之後，得分的可能性也會大大增加。

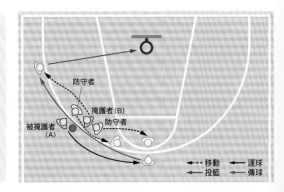

防守者

掩護者（B）

防守者

被掩護者（A）

‑‑► 移動　◄— 運球
◄— 投籃　◄══ 傳球

難易度 ★★★★★

方法 118

再次掩護

人數 4人～

地點 半場處

目的 當第一次的掩護無法出現空檔時，可以再做一次掩護後投籃（P.168），找尋攻擊的空檔。

掩護者（B）替被掩護者（A：此例為持球者）設下掩護。

A利用掩護運球移動，防守者也跟上前去。

B快速轉身後，再次替被掩護者設下掩護。

A再度利用掩護，待見得空檔後出手投籃。

教練筆記 MEMO 掩護者必須在第一次掩護後迅速轉身，如此才能完成第二次的掩護動作。

建議事項

當比賽時間所剩無幾，必須立刻做出投籃選擇時，就會經常使用到再次掩護的戰術。

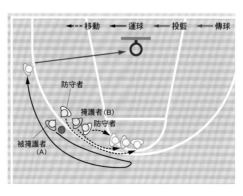

← - - 移動　← 運球　← 投籃　← 傳球

防守者
掩護者（B）
防守者
被掩護者（A）

小組配合

方法 119 往掩護反方向切入

人數 4人～

地點 半場處

目 的

掩護進攻戰術中的變化版。持球者可假裝接受掩護，
但實際上卻不往掩護者的方向切入，製造欺敵效果。

掩護者（B）朝盯防被掩護者（A：此例為持球
者）的球員方向移動。

防守A的球員注意到B要進行掩護後，
做出對應的阻擋動作。

A做出與防守方預期相反的動作，
故意不接受掩護，往內側方向切入。

A甩開防守方後，
上籃得分。

教練筆記
MEMO

當防守方察覺攻擊方要使
出掩護戰術時，是有時間
對應阻擋的。此時如果能
做出對方預期之外的行動，將能增加
攻擊的變化。

建議事項

要在2對2的攻防中取得優勢，與隊友的默
契是相當重要的。進攻方必須透過眼神交
會了解隊友意圖，然後做出掩護攻擊的動
作。另一方面，防守方必須喊出聲音，確
認隊友彼此的位置與盯防對象，才能阻止
對方的掩護戰術。

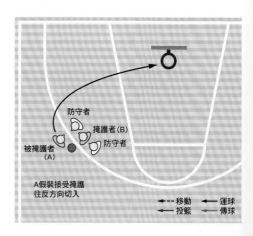

防守者

掩護者（B）

防守者

被掩護者
（A）

A假裝接受掩護
往反方向切入

◀-- 移動　　　◀── 運球
◀── 投籃　　　◀── 傳球

方法 120

假掩護眞切入

人數 4人～

地點 半場處

目 的 此戰術與左頁相同，為欺敵型的掩護進攻戰術。
掩護者在被掩護者接受掩護前，往籃下移動，投籃取分。

掩護者（B）替被掩護者（A：此例為持球者）設下掩護。

趁防守方將注意力集中在A時，B趁機往籃下移動。
之後接球投籃。

程 序

①進行2對2攻防練習。如同掩護後投籃（P.168），掩護者（B：此例為另一名進攻者）替位於三分線附近的被掩護者（A：此例為持球者）設下掩護。

②B趁防守方將注意力集中在A時，在A接受掩護前往籃下移動。之後接球投籃。

教練筆記 MEMO 不只是被掩護者，掩護者也可以藉由判讀防守者的動作做一些變化，增加戰術的多元性。特別是可以潛入籃下取分的機會，請千萬不要放過。

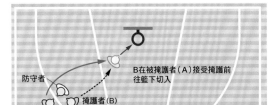

防守者

掩護者（B）
防守者

被掩護者（A）

B在被掩護者（A）接受掩護前往籃下切入

◄--- 移動　◄─── 運球
◄─── 投籃　◄─── 傳球

小組配合

方法 121 給球後跟進

目的
掩護戰術的一種。傳球後利用接球者當掩護，
再透過接球者的短傳將球取回後，投籃得分。

被掩護者（Ａ：此例為持球者）將球傳給高位的掩護者（Ｂ）。

Ａ傳球後往Ｂ的方向移動，
並藉由Ｂ的短傳將球取回。

Ｂ替Ａ擋開防守者。

Ａ得到空檔後
立刻投籃取分。

教練筆記 MEMO

進行掩護戰術時，持球者不見得像掩護後投籃（Ｐ.168）或掩護後切入（Ｐ.169）等戰術一樣是被掩護者，有時候也有可能是持球的掩護者。此戰術的重點在於是否能成功地將球傳到被掩護者手上。

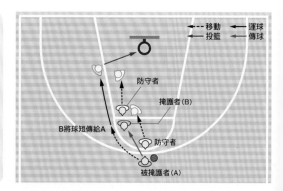

移動 — 運球
投籃 — 傳球

防守者
掩護者（Ｂ）
Ｂ將球短傳給Ａ
防守者
被掩護者（Ａ）

小組配合

方法 122 持球者假掩護真切入

目的
由左頁「給球後跟進」延伸而來的戰術。掩護者假裝要傳球給隊友，待防守方轉移注意力時，自己往籃下切入取分。

被掩護者（A：此例為持球者）
將球傳給高位的掩護者（B）。

A傳球後往B的方向移動，
假裝要取回B手上的球。

防守者被A吸引過去，
B趁機往籃下切入。

B甩開防守者後，
立刻上籃取分。

教練筆記
MEMO

被掩護者和掩護者必須清楚掌握防守者的動向，並彼此互相溝通。此外，當從2對2的練習變化為3對3的練習時，因為有第3個人當傳球選擇，所以進攻會更加多樣化。

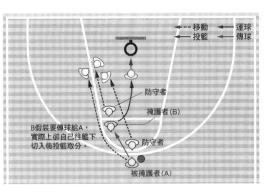

移動 運球
投籃 傳球

防守者

掩護者(B)

防守者

B假裝要傳球給A，
實際上卻自己往籃下
切入後投籃取分。

被掩護者(A)

小組配合

難易度 ★★★☆☆

方法 **123** 向下掩護

人數 4人～

地點 半場處

目的 即使是在空手的狀態下，
也能透過掩護戰術找出空檔得分。

被掩護者（A）、掩護者（B）、防守者，以及負責傳球的球員（可請教練代勞），如照片所示站定位置。

B朝盯防A的球員
做出掩護動作。

A一邊接受掩護，
一邊接傳球者的傳球。

當A獲得空檔後，
立刻跳投取分

教練筆記 MEMO

比賽中就算空手，也不可以輕易懈怠。球員應該注意持球者的狀態，以及負責盯防自己的防守球員的動態，以隨時做出反應。此練習可讓球員學會如何在空手時創造出空檔，接球投籃取分。

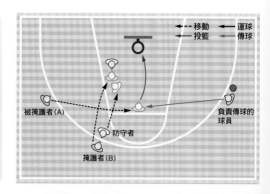

方法 124 背向掩護

人數 4人～

地點 半場處

目的 所謂背向掩護，指的是在防守者的背後做出掩護動作。
可以透過背向掩護在籃下接球，然後直接投籃取分。

被掩護者（A）、掩護者（B）、防守者，以及負責傳球
的球員（可請教練代勞），如照片所示站定位置。

B在盯防A的球員身後，
做出掩護動作。

A一邊接受掩護，
一邊往有空檔的地方移動。

當A獲得空檔後，
可接受隊友的傳球立刻投籃取分。

教練筆記 MEMO　防守者通常都是背對籃框防守，所以一旦有人在背後設下掩護，就會措手不及。此外，做掩護動作時，即使與對方有身體接觸，也要確實地維持擋人的基本動作，不可隨意亂動。要是一與對方碰撞就被彈開，會完全收不到掩護的效果。

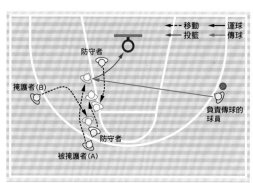

小組配合

難易度 ★★★★★

方法 125 **橫向掩護**

人數　4人～

地點　半場處

目 的　利用掩護戰術，遠離有球側的球員，
待覓得空檔後出手得分。

被掩護者（A）、掩護者（B）、防守者，以及負責傳球
的球員（可請教練代勞），如照片所示站定位置。

B朝盯防A的球員
做出掩護動作。

A一邊接受掩護，
一邊往遠離傳球者的地方移動。

當A獲得空檔後，
可接受隊友的傳球立刻投籃取分。

教練筆記 MEMO　就算是空手的球員，也可以像此單元般透過種種方法甩開對方的防守得分。此外，此戰術中，被掩護者需遠離持球球員，因此持球者傳給被掩護者的球多半是高吊球。在這種情況下，一旦傳球的速度過慢，就容易被防守者攔截。所以傳球者必須配合被掩護者的動作，適當傳球。

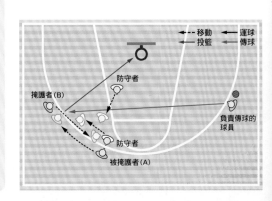

第8章
團隊進攻
Team Offense

想學會能在比賽中派上用場的團隊攻擊戰術，
還是得在練習中安排實戰練習才行。
練習時請充分了解練習目的，
並時時留意跑位的空間。

技術解說 快攻時場上5人的角色分配

POINT 1

其中1人拿到籃板後，將球傳給負責運球的球員。

負責運球的球員
接到持球者傳過來的球後，立刻運球向前推進

兩翼球員
指的是攻防轉換時，沿著邊線跑在最前面的球員

POINT 2

負責運球的球員快速控球往前場推進。

運球球員的動作
利用運球或其他動作，將球快速往前推進

技術解說 搶到籃板後，第一個反應就是推進快攻

　　當對方發生失誤而抄到球，或是抓到對方投籃沒進的防守籃板時，便可立刻進行攻防轉換，展開己方的攻擊。像這樣的攻防轉換通常稱之為「Transition」。此時，應該趁對方布好防守陣勢之前快攻。當己方的攻擊人數多過對方回防的人數時，稱之為「Outnumber」，當然，己方參與攻擊的人數越多，得分的可能性就越高。想要提高快攻的成功率，首先就得了解「兩翼球員」及「跟進球員」等各個快攻位置所負責的任務為何。

POINT 3

不一定要一直運球，若發現隊友有空檔，可立刻傳球。

運球的選擇
若前方有隊友出現空檔，可立刻將球傳給隊友

POINT 4

快速將球轉移後投籃。其中一人需守住後場，以防對手反快攻。

球的轉移
盡可能快速轉移球，將球交到有空檔的隊友手上

跟進球員
指從後跟進，替進攻加上一道保險鎖的球員。通常這樣的角色大多由擅長防守或抓籃板的球員擔綱

退防球員
指進入前場後，為了防止對方反快攻而留在後場的球員

STEP BY STEP
Basketball

快攻時的運球方式
切勿操之過急

　　就算參與快攻的人數有5人，快攻成功與否的關鍵還是掌握在負責運球的球員1人身上。快攻時，首先要確認對方有多少人回防，以及是哪種類型的球員回防等。接著根據對方回防的狀態調整運球的速度，並觀察有空檔的隊友，將球交給對方。此時最重要的是：「切勿操之過急」。在對手尚未回防之前展開旋風式的快攻固然吸引人，但如果操之過急卻只會失去正確的判斷，造成不必要的失誤。

團隊進攻

方法 126　全場2對1

目 的　養成取得球權後立刻發動進攻的習慣。
因為是全場進攻，所以必須提升自己的奔跑能力。

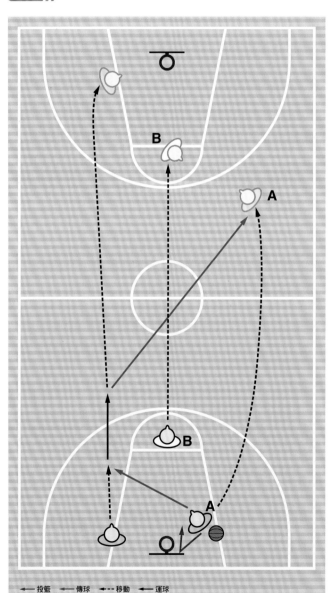

← 投籃　← 傳球　←-- 移動　← 運球

程 序

① 進行全場的2對1攻防。如圖所示，進攻者（A）先將球打向籃板使之反彈，在抓下籃板後開始動作。

② 進攻者將球往對向籃框推進。光是運球將顯得單調，請配合使用傳球。

③ 防守者（B）一邊觀察對方的傳球路徑，一邊回防，並盡量阻止對方上籃。此練習必須進攻方得分或防守方搶到球才算結束。

教練筆記 MEMO

對進攻方來說，2對1是佔有絕對優勢的一種進攻狀態。對於防守方來說，若趨前去阻止對手運球或是企圖阻斷對手傳球路線的話，將會導致另一名進攻球員獲得空檔，所以防守方基本上只要快速回防，並觀察對方的傳球路徑即可。

進階練習

熟悉這項練習後可反覆操演，順便訓練球員的體力。請配合球員的體力及程度，調整練習的強度。

方法 127 3人小組進攻

👤 人數　3人～

🗺 地點　全場處

目 的 ▷ 此為3人快攻的基礎戰術。
請模擬正式比賽的情況，順利將球推進到前場。

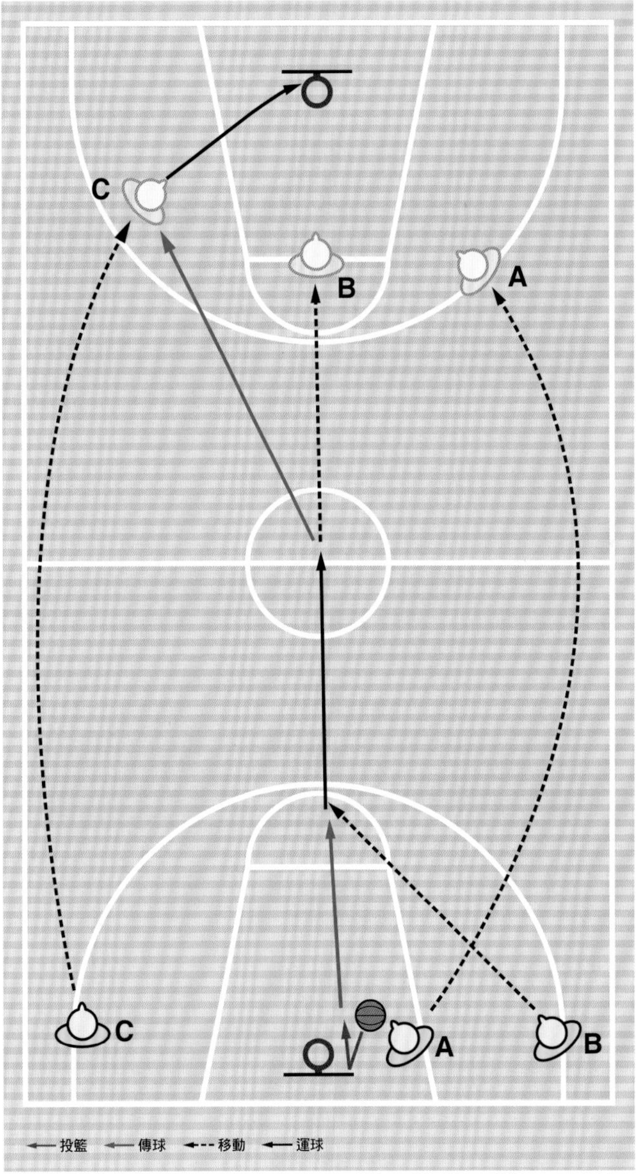

| ← 投籃 | ← 傳球 | ←--- 移動 | ← 運球 |

程 序

①3人一組，如圖所示，進攻者（A）先將球打向籃板使之反彈，在抓下籃板後開始動作。

②B在A抓下籃板的同時往球場中央移動，隨後接球運球向前推進。A則在傳球後沿著邊線前進。

③C在在A抓下籃板的同時沿著邊線前進，之後接B的傳球上籃取分。

教練筆記 MEMO　最後的投籃動作除了騎馬射箭或上籃之外，當然也可以使用其他方式。與上個練習一樣，本練習因為也需要全場奔跑，所以可同時鍛鍊球員的體能。也可當成暖身運動之一。

進階練習

3人小組的快攻模式種類繁多，可以根據球員的特性安排不同的進攻模式。例如抓下籃板後不運球，只用傳球攻到前場去。

運球

傳球

防守

籃板

1對1個人技術

小組配合

團隊進攻

團隊防守

基礎體能訓練

183

團隊進攻

三線快攻

難易度 ★★★★★

人數 6人～

地點 全場處

目 的 此練習為3人小組快攻的變化版。可以利用棒球式傳球（P.93）把球傳給下一組人，做長傳球的練習。

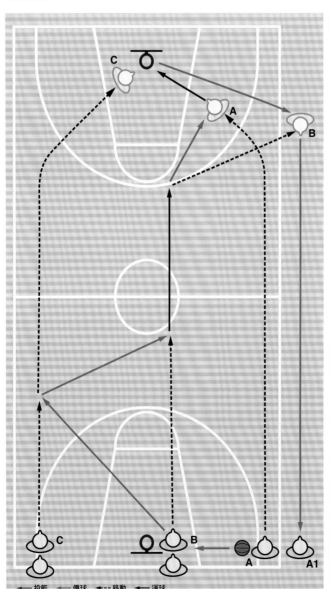

← 投籃　← 傳球　←--- 移動　← 運球

程 序

① A、B、C如圖所示站好位置，並在後面列隊。A背後的A1需站到邊線外待命。

② A傳球給B後，沿著邊線移動。

③ B接到球之後傳球給C，然後接受C的回傳球，運球前進。C在那之後沿著邊線移動。

④ A接到B的傳球後上籃。C需撿起上籃後的球，並傳給在邊線外的B。

⑤ 接到球的B利用棒球式傳球把球傳給A1。

教練筆記 MEMO
練習長傳球也是此單元的目的之一。
負責長傳球的球員（左圖B）必須以快速、正確的動作，做出棒球式傳球。

進階練習

國小或國中的球員由於肌力不強，所以也許無法把球傳到太遠的地方。但就算球在傳到指定距離前落地也無所謂，請一定要讓球員挑戰長距離傳球。

難易度 ★★★★☆

<table>
<tr><td>👤 人數</td><td>3人～</td></tr>
<tr><td>🗺 地點</td><td>半場處</td></tr>
</table>

方法 129 3人8字行進後的2對1

目的 利用傳球把球向前推進，然後邊跑邊接球，之後再將球傳出。
可以藉由最後2對1的攻防練習，增加練習的變化。

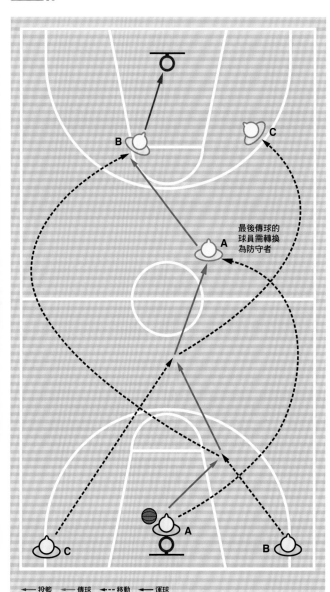

最後傳球的
球員需轉換
為防守者

← 投籃 ← 傳球 ←- 移動 ← 運球

程序

①A、B、C如圖所示站好位置，由A持球。

②首先由A傳球給B。接著如圖所示，不經運球，直接利用傳球把球推進到前場。傳球後的球員需繞到接球球員的後方，然後往邊線移動。待移動到邊線附近後再如同繞圈般回到球場中央。

③當球傳到籃下之後，最後的傳球者需轉換身分成為快速回防的防守者，進行2對1的攻防。

教練筆記 MEMO

想只靠傳球就把球推進到前場，除了腳程要夠快之外，跑的位置也相當重要。移動時請算準時機，盡量移動至傳球者方便傳球的距離。

進階練習

如果只靠傳球無法順利推進的話，也可以運球來調整一下節奏。等習慣了節奏後，就可以限制自己的運球次數，比如接球後只能運一次球就要把球傳出。照這樣循序漸進下去，相信很快就能達到只用傳球就推進到前場的目標。

185

難易度 ★★ ☆☆☆

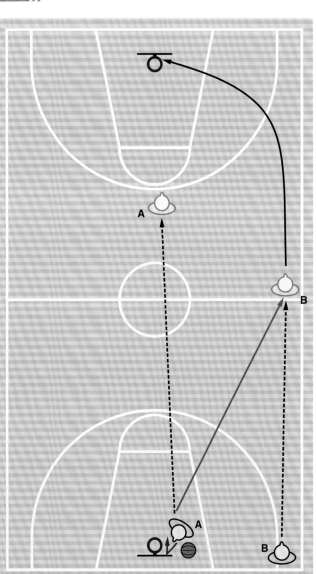

方法 130 兩人直線快攻（一）

人數 2人～

地點 全場處

目 的　將球傳給從己方籃框附近開始沿著邊線走的隊友，接到球的球員直接運球投籃。此戰術雖然簡單，卻是許多快攻戰術的基礎。

程 序

① 2人一組。由A把球打向籃板開始，B沿著邊線開始跑。

② A在接住打板落下的球後，傳球給已經起跑的B。之後模擬比賽狀況，跟著B往進攻的籃框前進。

③ B在接球後運球前進，之後順勢投籃。

教練筆記 MEMO

想像現在是正式比賽中，盡可能快速強勁的傳球給沿著邊線走的球員。如果兩翼球員（P.180）能順利甩開防守者的話，投籃成功的機率將大大提升。

進階練習

剛開始的時候可以用上籃（P.42）等命中率較高的方式練習，等習慣了這種進攻方式後，試著在離籃框稍遠的距離跳投（P.30）攻擊。

◀— 投籃　◀— 傳球　◀--- 移動　◀— 運球

投籃

運球

傳球

防守

籃板

1對1個人技術

小組配合

團隊進攻

團隊防守

基礎體能訓練

方法 131 兩人直線快攻(二)

👤人數　2人〜

🏀地點　全場處

目的　與上個練習相同,主要目的在於學習如何快速將球推進。在己方的籃框附近傳球之後與隊友在移動中交會,之後沿著邊線走,接球投籃。

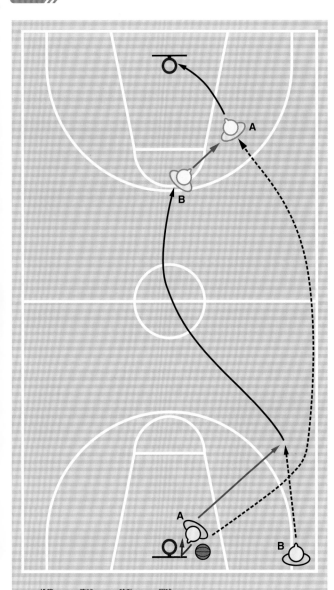

◀—投籃　◀—傳球　◀---移動　◀—運球

程序

①2人一組。A先將球打向籃板使之反彈,在抓下籃板後開始動作。迅速傳球給B之後,沿著邊線走。

②B往球場中央運球前進,然後直接朝籃框方向移動。伺機傳球給A。

③A接球後直接投籃。

教練筆記 MEMO　此戰術的重點在於,運球者必須確實掌握好節奏,養成隨時將頭抬起的習慣好判斷場上的形勢,並閱讀對方的防守「Read The Defense」。

進階練習

快攻時若己方人數多於敵方人數,基本上應該在靠近籃下的位置投籃。不過如果太拘泥於這樣的想法,有時會讓防守方產生對應的空間。因此運球的球員也可以考慮直接投籃等其他選擇,以增添戰術的變化。

團隊進攻

難易度 ★★★★☆

方法 **132**

3打2加1（一）

人數 6人～

地點 全場處

目的 ▶ 在防守方回防前結束快攻。

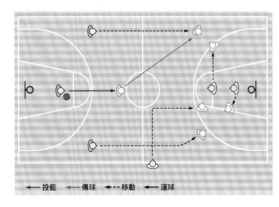

← 投籃　← 傳球　◄--- 移動　← 運球

程序

①進攻方（黃）3人將球推進至前場，形成3打2局勢。

②防守方的2人事先擺好防守陣式。當球過中線時，等待在場外中線附近的另一名防守者移動至中圈後快速回防形成3打3的局勢。

③在中途進入球場的防守者進行防守動作前，進攻方必須先想辦法創造出投籃機會，否則會失去多打少的優勢。後來加入的防守者需快速回防，以減少對方的優勢。當對方進球或是抄到球後轉守為攻，將球推進到對面的球場去。

教練筆記 MEMO 因為必須在第3位防守球員加入前投籃，所以球的轉移要夠快才行。

團隊進攻

難易度 ★★★★☆

方法 **133**

全場3對3

人數 6人～

地點 全場處

目的 ▶ 模擬真正的比賽，試著用快攻磨練團隊進攻。

全場的3對3進攻。
可以的話，最好用快攻。

程序

①進行全場3對3攻防。可以的話，最好用快攻。如果無法照原意執行快攻，應確實做好球的轉移，穩當地進攻。

②當攻方進球或防守方掌握住原進攻方的球權後，隨即進行攻守轉換。此時防守方變成進攻方，一樣以進球為目標，將球推進至另一邊的前場。

教練筆記 MEMO 一樣是3對3，可額外加入一些規定，例如：禁止運球等的限制，如此將會讓練習更有主題性。

難易度 ★★★★★

| 方法 134 | 3打2加1（二） |

👤人數　6人～

🏟地點　全場處

目的 與左頁上方的練習相同，試著模擬比賽中常有的3對2，並在防守者回防前做出攻擊動作。此戰術需要3個人都有把球快速推進至前場的能力。

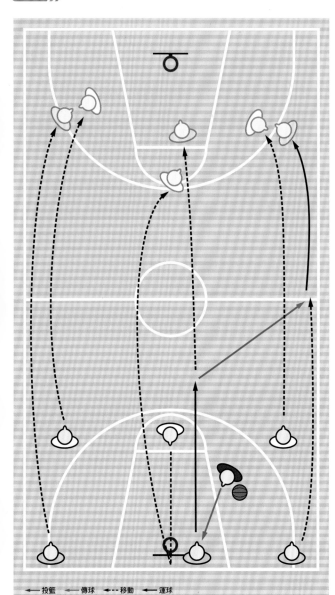

◄── 投籃　◄── 傳球　◄--- 移動　◄── 運球

程序

①負責給球的球員（可請教練代勞）持球，其他球員如圖所示面對面排列。

②負責給球的球員（可請教練代勞）將球傳給任一進攻方的球員。

③進攻方接到隊友傳球後，立刻朝對面的籃框推進。

④面對持球進攻方的防守球員先用手觸碰底線後，再回頭進行防守。

教練筆記 MEMO 雖然是以進攻方人數多於防守方為基本設定所擬的戰術，但若因此操之過急的話是不行的。慌慌張張地想趕快結束進攻，可能會造成失誤。

進階練習

也可以增加人數至4對4或5對5來進行此練習。但為了能確實熟練基本的跑位方式，建議還是在3對3的練習當中有一定的命中率之後，再試著增加人數。

投籃

運球

傳球

防守

籃板

1對1個人技術

小組配合

團隊進攻

團隊防守

基礎體能訓練

技術解說 團隊進攻的基本

內線球員
基本上為球隊中身高最高的球員。因為離籃框最近，所以只要一有機會，就要積極出手

兩翼

兩翼球員
遊走於籃框45度角的3分線附近

後衛
遊走於可看清場上局勢的3分線附近

組織
照片中的布陣只是基本陣型。接下來要靠將球傳導到外線、持球往籃下切入、或將球交到內線球員手上，來展開攻勢

技術解說 關鍵在於「空間」

　　所謂「團隊進攻」，指的是和隊友一起合作，透過全隊的力量來得分的一種進攻體系。1對1的單打在進攻上固然重要，但有時在對方的團隊防守之下，不見得每位個人能力突出的球員都能打開球隊進攻的僵局。此時需要的就是團隊進攻。

　　要組織團隊進攻，最重要的是「空間」概念。想贏得比賽，首先在練習時就要懂得如何製造空檔（沒有敵方跟隊友的空間），或是如何使用空檔來展開攻擊戰略。

　　不只快攻，所有進攻體系的代表性陣型，都是上方照片所示的「Four（4） Out One（1） In」。這種陣型是在外側安排四位球員，包括球場中央的兩個後衛以及兩翼處的兩個球員，再加上一位內線球員。另外，隊中有好幾名長人的隊伍，則可以將兩人安排到內線，形成「Three（3） Out Two（2） In」的陣型。而隊中球員都偏於矮小的話，則可以使用全部的球員都在外線的「Five（5） Out」陣型。教練可依球員的特性及體型等，決定該使用何種陣型。

左側標籤：投籃　運球　傳球　防守　籃板　1對1個人技術　小組配合　**團隊進攻**　團隊防守　基礎體能訓練

▶▶▶ 團隊進攻的重點①

POINT
1

為了讓球員有空間的概念，建議以4對4的方式進行練習。

 解說 **用4對4
做團隊練習**

要做團隊進攻的練習，建議使用比實際上場人數少1人的4對4。原因在於只有4個人的話，每個人所涵蓋的空間就會變大，如此將更能幫助球員領會空間的概念。每位球員在練習時，一定要記得隨時利用球場的空間。教練在進行指導時除了有球側的強邊球員之外，也要注意離球較遠的弱側邊球員利用空間的情況。

▶▶▶ 團隊進攻的重點②

 解說 **注意以下的關鍵字**

「空間」概念是進行攻擊時最重要的一門學問。球員可以下列的關鍵字為基礎，進攻的時候謹記在心。

①位置
抓好與隊友之間的距離後，取得適當的站位位置。

②視野
包含防守方在內，在進行攻防時要隨時注意球隊整體的運作。

③球的傳導
不可持球過久，要有效地使用傳球。

④傳球和切入
把球傳出去後，要準確地判斷下一步該往何處移動。

⑤擺脫
空手時也要隨時以刁鑽的腳步移動，以擺脫防守球員的盯防。

⑥空檔
隨時注意將自己離開的空間讓給隊友利用。

⑦轉換方向
不可一直在同一側傳導球，可從另一側展開攻擊。

⑧變化
持球者需移動到至少有兩位以上的隊友可以傳球的位置。

⑨攻擊
利用傳球轉移防守方的注意力，再運用投籃或切入突破對方的防守網。

⑩團隊意識
進攻時以誰為主軸，或是全體隊員都應該平均觸碰到球等等，這些應該在攻擊前就要有共識。

團隊進攻

方法 **135** 傳切

目的
4人在外側傳球，1人找機會往籃下切入。切入後空下來的位置，也可以由其他球員遞補。執行戰術時請記得善用隊友移動後的空間。

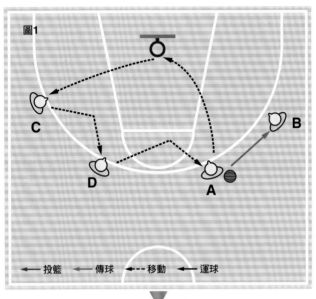

圖1

← 投籃　← 傳球　←--- 移動　← 運球

程序

①4人一組，分別照圖示的位置站定。

②A將球傳給B後往籃下切入，之後再往C的位置移動。

③D往A的方向移動、C往D的方向移動，為了甩開防守球員，請以L型路線移動（此例中的B因為右方沒人，所以不需改變位置）。接著，在移動之後的位置傳球。

④之後，有空檔的人在傳球後立刻往籃下移動，其他的球員則各自向右方移動。

⑤練習至一定次數後，如圖2將球傳給切入籃下的球員，切入的球員接球後順勢投籃取分。

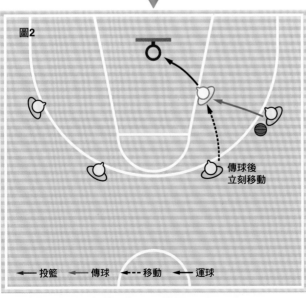

圖2

傳球後立刻移動

← 投籃　← 傳球　←--- 移動　← 運球

教練筆記 MEMO

往籃下移動的球員在傳球後移動時，切記要假想自己正在甩開防守球員，所以動作越刁鑽越好。此外，如果球員一直抓不準往籃下移動或直接投籃的時機的話，可以請教練給個暗號或指示，直到球員自己能抓到適當時機為止。

方法
136

傳切之後走後門

人數 4人～

地點 半場處

目的

所謂的走後門，指的是違反前往阻斷傳球路徑的防守者預期，反而跑到防守者後方去的切入動作。一邊在外側傳球，一邊看準時機讓其中一人做後切的動作。

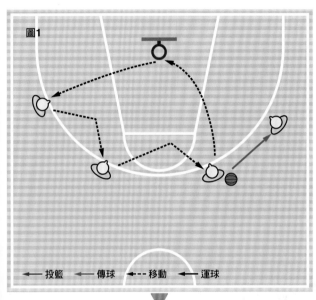

圖1

程序

①此為左頁練習的變化版。同樣先在外側傳球，接著其中一人在傳球後伺機往籃下移動，其他球員則各自向右方原隊友的位置移動。

②進行一定次數後，負責傳球的球員（任一）假想防守者企圖封阻傳球路徑，在將球傳出之前停球。此時準備接球的球員照圖2所示，想像自己繞過防守者的背後潛入籃下，之後接獲傳球投籃取分。

← 投籃　　← 傳球　　◄--- 移動　　← 運球

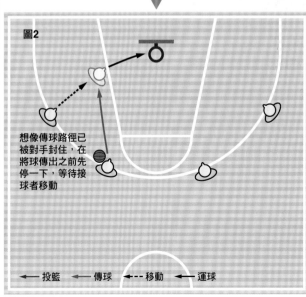

圖2

想像傳球路徑已被對手封住，在將球傳出之前先停一下，等待接球者移動

← 投籃　　← 傳球　　◄--- 移動　　← 運球

教練筆記
MEMO

和左頁的練習一樣，若一開始沒辦法抓住走後門的時機，可請教練先給個手勢或暗號，直到能抓住切入時機為止。最終目標是讓球員能自由地交互運用「傳切」與此練習。

建議事項

為了能夠順暢地互相傳球，持球者可在「第二拍」之後再傳。接到傳球之後如果立刻把球傳出去，其他隊友容易反應不及，所以可以先維持投籃的基本動作約2秒，待周遭隊友反應過來之後再傳球。

團隊進攻

方法 137 傳球&掩護

難易度 ★★★☆☆

人數　4人～

地點　半場處

目的
傳球後為了替隊友製造空檔而做出掩護動作。

程序

①4人一組，各自照圖示排列。

②A將球傳給B後，為了替隊友做掩護而朝D移動。B接到傳球後再將球傳給C，之後朝A的方向移動。

③D利用掩護，朝B的方向移動。之後接受C的傳球。

④每進行一次就更改一次位置，讓所有球員輪流在不同的位置練習。

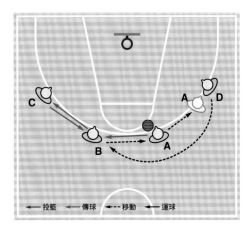

← 投籃　← 傳球　←-- 移動　← 運球

教練筆記 MEMO
傳球後立刻幫隊友做掩護相當重要。透過這樣的動作，球的傳導也會更佳流暢。

團隊進攻

方法 138 5人傳球&掩護

難易度 ★★★★☆

人數　5人～

地點　半場處

目的
加入內線球員，讓球員體會更接近實戰的掩護練習。

程序

①5人一組，各自照圖示排列。

②A傳球給B。在此同時，另一側的球員開始進行掩護戰術。C跟D設下掩護，E則利用此掩護做移動。

③E在移動後接受B的傳球。

④每進行一次就更改一次位置，讓所有球員輪流在不同的位置練習。

← 投籃　← 傳球　←-- 移動　← 運球

教練筆記 MEMO
跟實際比賽一樣進行5個人的移動練習時，一開始不要有防守者，只求能跑出正確的位置即可。是否每個人都能確實地執行既定的跑位動作，將是影響團隊進攻成敗的關鍵。

團隊進攻

方法
139

UCLA進攻戰術

難易度 ★★★★☆

人數　5人～

地點　半場處

目 的　利用罰球線附近的掩護，朝籃下切入。

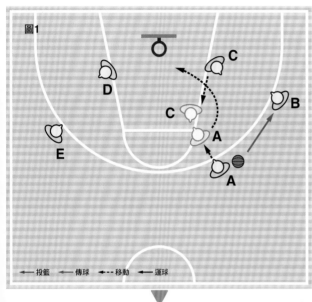

圖1

← 投籃　← 傳球　←--- 移動　← 運球

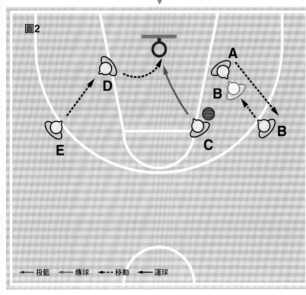

圖2

← 投籃　← 傳球　←--- 移動　← 運球

程 序

①5人一組，各自照圖示排列。

②A將球傳給B，在此同時，C往罰球線移動替隊友設下掩護。

③A利用掩護往籃下切入。

④接獲傳球的B將球傳給A或C（B也可以直接投籃）。

⑤B若選擇傳給A，則由A投籃。

⑥B若選擇傳給C，則D需像圖2所示一樣往籃下移動，接受C的傳球後投籃。在此同時，也要預先想好接下來的攻擊策略，所以E要往D的位置移動，B則需至低位附近設下掩護，如此A就可以利用掩護朝外側移動。

⑦每進行一次就更改一次位置，讓所有球員輪流在不同的位置練習。

教練筆記
MEMO

此練習的目標為讓全部的球員都熟悉如何跑位。若球員已熟悉此戰術的跑位方式，接下來就可以利用低位單打或配合其他的掩護戰術，自由搭配進攻方式。

投籃

運球

傳球

防守

籃板

1對1個人技術

小組配合

團隊進攻

團隊防守

基礎體能訓練

195

團隊進攻

走後門戰術

難易度 ★★★★★

人數　5人～

地點　半場處

目的
此為增加團隊攻擊模式的戰術之一。
可利用隊友走位後空下來的空間做切入，然後持球上籃。

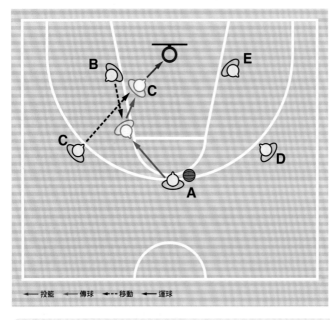

← 投籃　← 傳球　←-- 移動　← 運球

程序

①實際上跑位的只有3人，但為了讓練習更接近比賽的真實情況，可以像圖示一樣配置5個人在場上，好讓球員掌握彼此之間的距離。

②B往罰球線附近移動。

③外側的A將球傳給B。

④C朝B空下來的空間做切入動作。

⑤B將球傳給C，然後C直接投籃。

⑥每進行一次就更改一次位置，讓所有球員輪流在不同的位置練習。

教練筆記 MEMO

欺敵最佳的代表性戰術，就屬這個走後門了。藉由其他隊友活用內線球員出來後所騰出的空間，將使得防守者難以對應。此為絕對必須得分時的建議攻擊模式。

建議事項

如果能在早期就讓球員進行這樣的練習，將有助於球員一窺練習項目的整體面貌，進而更加了解各個基本練習的目的。因此，可以在比賽較少的時候，慢慢增加像這樣的實戰練習。

Basketball
Column
08

關鍵在於如何掌握投籃的時機

進行團隊進攻時，抓準投籃時機的判斷力是相當重要的。這樣的判斷力，稱之為「投籃選擇」。積極地進攻籃框固然重要，但如果在隊友還沒卡位搶籃板時就把球給投出去，算不上是好的投籃時機。反之，若所有隊友都認為已經可以出手，但持球者卻猶豫不決，這也同樣有問題。如果是隊友認同的投籃時機，就沒有必要再擔心投不投得進，放膽出手就對了。

第9章
團隊防守
Team Defense

比賽中，
被對方在靠近籃框的地方得分是非常致命的，
因此需要靠全隊的防守來遏止這樣的情形發生。
防守時請隨時注意保持適當的距離。

團隊防守的基本概念

位置
每位防守球員都要站在可以抄球，且不會被對方繞到身後，形成走後門的防守位置

姿勢
每位防守球員都需擺出防守的基本姿勢，並隨時注意自己負責盯防的球員以及球的動向

技術解說 要先學會人盯人的防守

　　隊中的5位球員同心協力，共同封阻對手攻勢的防守稱之為「團隊防守」。

　　相對於以1對1為基本的「人盯人」防守，不會因為對方改變攻擊方式就崩解陣型。每位球員負責之區域為基本的防守，則稱之為「區域防守」。

　　要讓球員具備基本的防守概念，首先得讓他們理解如何做好1對1的人盯人防守。只要球員能做好人盯人防守，基本上執行區域防守時就不會有太大問題。因此，每位球員都應該先熟習人盯人的團隊防守。

　　雖說有5個人共同防守，但如果球員無法盯住自己負責的對象，整個團隊防守就無法順利運作。而團隊防守的第一步，就是場上的5個人確實做好防守的基本動作（P.108）。特別是當自己盯防的對手已占據可以接球的位置時，球員必須確實舉起手以封阻對方的傳球路線，讓持球者無法輕易地將球傳到要球者手上。

　　此外，關於和對方保持的距離，若自己盯防的球員手上沒有球，基本上防守者必須站在能夠抄球且不會被對方走後門的位置。而萬一自己盯防的球員已經持球，則必須趨近對方以縮短彼此的距離，來對應對方投籃、傳球、運球等動作。

▶▶▶ 團隊防守概念的重點①

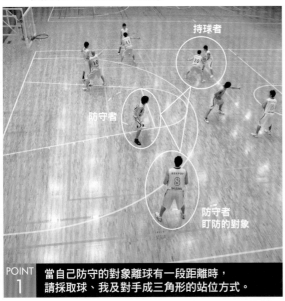

持球者

防守者

防守者盯防的對象

POINT 1 當自己防守的對象離球有一段距離時，請採取球、我及對手成三角形的站位方式。

解説 **配合球的位置調整站位**

人盯人防守並不是只要盯住自己負責的對象就好了。特別是自己盯防的對象離球還有一段距離的時候，也要站在適當的位置，以協防並封阻持球者切入籃下、上籃得分或傳球的動作。基本上應該與自己盯防的球員以及持球者間，形成一個三角形的距離。

▶▶▶ 團隊防守概念的重點②

解説 **注意以下團隊防守的關鍵字**

為了不讓自己的人盯人防守出現漏洞，有幾項原則必須遵守。請球員謹記以下重點。

①盯著球、盯著你的防守對象

全部球員在掌握球的位置的同時，也要緊盯著自己防守的對象。

②球動人動

當球移動時，每個防守球員必須跟著移動自己的位置，來對應進攻者的下一個動作。

③跳往有球邊

一定要有人隨時盯住持球者（手上有球的球員）。

審訂註：這裏應該是防守持球者。當持球者將球傳出，馬上跳往有球邊，可讓球不再回傳給自己防守的進攻者。當持球者切入時，也可以輕鬆做出協防動作。

④阻絕

將手張開做出阻攔傳球路線的動作，讓持

球者無法將球傳給附近的球員。

⑤二線阻絕防守

就算是無球側的協防方，也要集中精神防守。

審訂註：進攻者距離持球者就在一次傳球可到的短距離內，因此為了防止對方回傳球，應採二線阻絕的防守方式。此時對方若傳球，甚至可達到抄截的效果。若持球者切入時，則可輕鬆做協防的動作，防止對方切入。

⑥平行三角

當進行無球側的防守時，必須稍稍離開自己盯防的球員，朝有球側靠近。基本上最好是跟自己盯防的球員以及持球者形成近似三角形的距離。但是如果太靠近籃下的話，會無法趨近有球側及自己盯防的球員，這點必須特別注意。

團隊防守

難易度 ★★★★★

方法 141 幫忙還原

人數 8人～

地點 半場處

目的 每位防守者要與進攻者保持適當的空間（P.198），當持球者運球切入時，最靠近的另一名防守者需移動過來協防。若切入者因此打消切入的念頭，則協防者需立刻回到原來的位置。

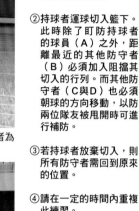

每位防守者（黃）需與進攻者（白）保持適當的空間（持球者的防守者為A，較近的協防者為B，其餘分別是C與D）

持球者若運球切入，B需與A一同上前阻止，C與D也必須朝球的方向移動。若持球者放棄切入，則回到原來的位置。

程序

①進行4對4的攻防練習。各個防守者需與進攻者保持適當的距離。

②持球者運球切入籃下。此時除了盯防持球者的球員（A）之外，距離最近的其他防守者（B）必須加入阻擋其切入的行列。而其他防守者（C與D）也必須朝球的方向移動，以防兩位隊友被甩開時可進行補防。

③若持球者放棄切入，則所有防守者需回到原來的位置。

④請在一定的時間內重複此練習。

教練筆記 MEMO 2人同心協力阻止對手運球切入，是學會團隊防守的第一步。防守時，要小心別讓進攻者從2人的縫隙處運球穿過。

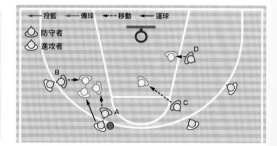

200

難易度 ★★★★☆

方 法
142

包夾補防

👤 人數　8人～

📍 地點　半場處

目 的 》》 此為進攻方自兩翼附近往底線切入時的對應防守戰略。

持球者

每位防守者（黃）需與進攻者（白）保持適當的空間（盯防持球者的球員
為A，靠近底線的協防者為B，其餘分別是C與D）

程 序

①進行4對4的攻防練習。
　各個防守者需與進攻者
　保持適當的距離。

②持球者要運球往底線移
　動尋找投籃機會。除
　了盯防持球者的球員
　（A）之外，靠近底線
　位置的B必須過來阻止
　持球者運球。其他防守
　者（C、D）則需移動
　至適當位置以對應其他
　進攻者。

③請在一定的時間內重複
　此練習。

A

D

B

C

當持球者運球往底線移動時，B與A要一同前往阻止，
C與D則往適當的位置移動。

教練筆記
MEMO

記住了跑位的流程
之後，接下來可以
讓球員自行攻守。

如果防守者能將球奪過來當然是
最好，若持球者將球傳到別的進
攻者手上，則需立刻回到原來的
位置。

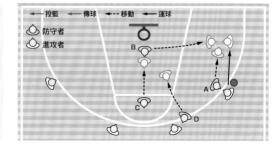

← 投籃　← 傳球　←--- 移動　← 運球

🏀 防守者
🏀 進攻者

B

A

C

D

團隊防守

阻斷空手切入路徑的防守方式

難易度 ★★★★★

人數　8人～

地點　半場處

目的

利用身體的衝撞，阻斷空手進攻者之行進路線，以防止其空手切。為其隊友掩護、爭搶籃板球等動作。

除了持球者之外的任一進攻方（白）球員（此處為A）往籃下做空手切的動作。（B為負責盯防該名球員的的防守者）

B先搶住A欲前去的位置，防止A往籃下切入。

程序

①進行4對4的攻防練習。進攻方一面導球，一面讓其中一名空手的球員（此處為A）由有球側往籃下切入（侵入）。

②負責盯防該球員的防守者（B）搶先一步進入該名球員的切入路徑，防止其切入。

③請在一定的時間內重複此練習。

 教練筆記 MEMO
在正式比賽中，就算是非持球的進攻方也會往籃下移動，企圖尋求接球得分的機會。為了防止這樣的情形發生，負責盯防該名進攻者的防守者可先一步擋住對方的切入路線，讓對方無法得逞。

NG
其先決條件，是搶先一步進入欲空手切的進攻方要切入的路徑。如果是橫向移動並形成衝撞的話，有可能被判犯規。持球者在運球突破時也一樣，必須先佔據切入路徑的位置才不會被判犯規，這點請各位球員千萬小心。

方法
144

反向切入的防守

人數　8人～

地點　半場處

目 的

學會掌握與球遠側行進進攻者之間的距離。
理想距離是可伸手用手指接觸對方的範圍內。

進行4對4的攻防練習。進攻方（白）的持球者（A）在傳球後，朝傳球的
反方向移動（B為負責盯防持球者的球員）。

接球者

B移動至可同時兼顧
A與接球者的位置。

程 序

①進行4對4的攻防練習。
持球者（A）在傳球後
反向切入（往與傳球方
向不同的地方移動）。

②負責盯防A的防守者
（B）需移動至適當位
置，以防止接球者接到
球後運球突破，或傳給
盯防對象。

③請在一定的時間內重複
此練習。

教練筆記
MEMO

與左頁的練習相同，此練習的
目的是透過讓各個球員學會基
本的防守技術，來增進團隊防
守的強度。一開始速度可放慢，直到球員
熟練，之後就必須慢慢增加速度。

建議事項

想要同時兼顧自己的盯防對象和球的動向，可
採取「Pistol Stance」，也就是將兩手張開，
做手槍射擊的姿勢。只要能養成這樣的防守姿
勢，相信對擴展自己的視野是大有幫助的。

團隊防守

方法 145 針對空手掩護的防守方式

人數 8人～

地點 半場處

目 的

此為對應進攻方掩護的第一步。
讓球員學會如何在離球較遠的位置，跟上掩護後的進攻者。

持球者

A

掩護者

被掩護者

進行4對4的攻防練習。未持球的進攻方（白）的其中一人（掩護者：任一即可）在離球較遠的位置替隊友設下掩護。

程 序

① 進行4對4的攻防練習。進攻方當中的非持球者（掩護者：任一即可）替隊友設掩護，讓隊友有空檔接球。

② 負責防守被掩護者的球員（A）緊緊跟住被掩護者，使之無法順利接受掩護。

③ 請在一定的時間內重複此練習。

持球者

A

被掩護者

負責盯防被掩護者的球員（A）
鑽過掩護者，跟上被掩護者。

教練筆記 MEMO

要跟上利用掩護的被掩護者，基本上在移動時不可對掩護者肢體衝撞，要在鑽過其身旁後跟上被掩護者。因此防守球員要確實抬起頭，除了自己的盯防對象外，也要順勢觀察其他進攻者的動態。

NG

儘管設掩護的球員就站在眼前，但如果就這麼衝撞上去的話，很容易丟失自己盯防的對象。所以防守時請仔細觀察場上的情形，盡量別讓自己被設掩覆的球員干擾。

方法 146
面對持球掩護的不換防防守

目 的〉〉 學會如何在持球者利用掩護時，繞過掩護者。
基本上要鑽過掩護者身旁，持續跟上被掩護者。

進行4對4的攻防練習。進攻方（白）的其中一人（掩護者：任一即可）替被掩護者（此處為持球者）設掩護以擋住防守者（A）。

A鑽過掩護者身旁，
全力跟上被掩護者。

程 序

①進行4對4的攻防練習。進攻方（白）的其中一人（掩護者：任一即可）替持球者設掩護以擋住防守者（A）。

②A緊緊跟住被掩護者，使之無法順利接受掩護。

③請在一定的時間內重複此練習。

教練筆記 MEMO　　當持球者利用隊友設下的掩護時，基本上防守者要一邊繞過掩護者，一邊繼續跟上自己盯防的球員。這樣的動作稱之為「不換防」。因為只要在防守上稍微鬆懈，就有可能導致對方進攻得逞，所以盯防掩護者的防守球員也必須一起協防。

進階練習

想要不被進攻方的掩護絆住，除了不換防之外，還有往掩護者背後（反方向）鑽過，然後繼續跟上被掩護者的「穿出」防守；以及與盯防掩護者的隊友交換盯防對象的「換防」防守。無論使用哪一種，都必須喊出聲音與隊友溝通後進行。

投籃

運球

傳球

防守

籃板

1對1個人技術

小組配合

團隊進攻

團隊防守

基礎體能訓練

團隊防守

難易度 ★★★★★

人數 8人～

地點 半場處

方法 147 協防後還原防守

目的 負責盯防掩護者（P.166）的球員對被掩護者（P.166）做出恫嚇性的防守，藉此延遲被掩護者的動作，稱之為「協防後還原防守」。球員必須先做出協防動作，減緩運球者的速度，甚至形成收球的動作。在那之後，再做出還原（回去防守原來盯防的球員）的動作。本練習就是要讓球員學會這種協防後還原防守的戰術。

進攻方（白）的其中一人（掩護者）替被掩護者
設下掩護以擋住防守者。

被掩護者利用掩護，
運球移動。

緊跟著掩護者的防守球員（A）此時對被掩護者做
出恫嚇動作，使被掩護者停止運球。

被掩護者停止運球後，
A立刻回去防守原來盯防的對象。

程序

①進行4對4的攻防練習。進攻方（白）的其中
一人（掩護者：任一即可）替被掩護者（此處
是持球者）設下掩護以擋住防守者。

②緊跟著掩護者的球員（A）此時對被掩護者做
出恫嚇動作，假裝要協防。

③當被掩護者停止運球的瞬間，A立刻回去防守
原來盯防的對象。負責追擊運球者的球員要一
直緊追著運球者不放。

④請在一定的時間內重複此練習。

教練筆記 MEMO

遇運球掩護時，可採協防後還
原防守的方式，也可以直接
交換防守對象，也就是「換
防」。但這樣一來可能會發生身高相差懸
殊的球員錯位防守的現象，所以基本上還
是以不換防為主。

難易度 ★ ★ ★ ★ ★

人數 8人～

地點 半場處

方法 148 包夾防守

目的 ▶▶ 面對利用掩護的進攻者，可以反過來設個陷阱。
2個防守方的球員可一同對持球者施壓後將球抄過來。

進攻方（白）的其中一人（掩護者）替被掩護者
設下掩護以擋住防守者。

被掩護者利用
掩護運球移動。

盯防掩護者的球員（A）
快速趨前防守被掩護者。

盯防被掩護者的球員（B）也加入防守行列，
2人一起對持球者施壓包夾抄球。

程序

①進行4對4的攻防練習。進攻方（白）的其中一人替被掩護者（此處為持球者）設下掩護以擋住防守者。

②盯防掩護者的球員（A）快速趨前防守被掩護者。

③盯防被掩護者的球員（B）也加入防守行列，2人一起對持球者施壓包夾抄球。

④請在一定的時間內重複此練習。

教練筆記 MEMO

當2個人一同上前對持球者施壓時，肯定會有其中一個進攻者是空檔狀態。設下包夾陷阱時，別忘了也有一定的風險存在。

投籃

運球

傳球

防守

籃板

1對1個人技術

小組配合

團隊進攻

團隊防守

基礎體能訓練

團隊防守

方法 149 半場4對4攻防練習

人數　8人～

地點　半場處

目的
將本章介紹過的練習做個統整，
進行更貼近實際比賽狀況的團隊防守練習。

進行沒有特殊限制的4對4攻防練習。
唯一的條件是防守方不可讓進攻方得分。

程序

① 進攻方可以用1對1單打或掩護戰術，自由進攻。

② 防守方根據場上狀況與之應對，不讓進攻方得分。

教練筆記 MEMO
不對進攻方設任何限制讓其自由進攻，防守方則需對應攻勢，阻止對手得分。練習時的人數因比實際比賽人數少一人，所以要非常注意空間的問題。

團隊防守

方法 150 全場攻守轉換練習

人數　8人～

地點　全場處

目的
與隊友通力合作，
防止進攻方的快攻。

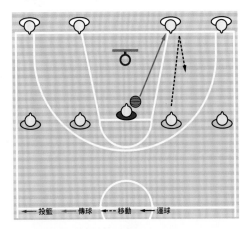

← 投籃　← 傳球　←-- 移動　← 運球

程序

① 負責傳球者（可請教練代勞）持球，其他球員按照圖示的位置站定。

② 負責傳球者將球傳給進攻方球員（白）。

③ 進攻方在接獲傳球後立刻往反方向的籃框移動。

④ 面對接球者的防守者先以手觸摸底線後，加入防守行列。

教練筆記 MEMO
隊友加入之前，防守方在人數上是相當不利的，此時防守方需選擇可以兼顧兩個進攻球員的位置站位。

團隊防守

方法 151 2－3區域防守

👥 人數　10人～

📍 地點　半場處

目 的

以守住各自區域為主的防守體系稱之為區域防守。
此練習要教導各位當中最基本的「2-3」區域聯防。

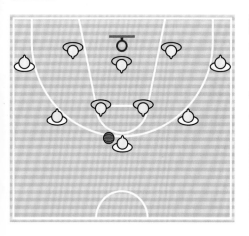

程 序

① 進行5對5的攻防練習。防守方（黃）背對籃框，在前列安排2名球員、後列安排3名球員。

② 進攻方（白）自由進攻，防守方全力阻止攻勢。

教練筆記
MEMO

與1對1的人盯人防守不同，這種以守住區域為主的防守體系，稱之為「區域防守」。特別是2-3區域聯防因常用於封鎖對方的長人，所以算是區域聯防的基本陣型。各個防守者只要對進入該負責區域的進攻球員施壓即可，不需做過多的防守動作。

團隊防守

方法 152 3－2區域防守

👥 人數　10人～

📍 地點　半場處

目 的

此為區域防守的另一個陣型。這種「3-2」區域聯防是透過在前列安排較多防守球員，藉此加強封阻對方外線的攻勢。

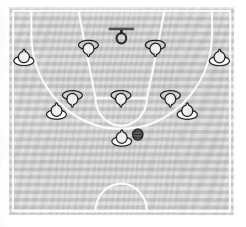

程 序

① 進行5對5的攻防練習。防守方（黃）背對自家籃框，在前列安排3名球員、後列安排2名球員。

② 進攻方（白）自由進攻，防守方全力阻止攻勢。

教練筆記
MEMO

區域防守除了以上兩種之外，還有在中央及籃下安排隊中長人鎮守，排列成十字型的「1-3-1」陣型。「1-3-1」主要是為了加強封鎖對方的低位單打及中距離所設計的戰術。

團隊防守

方法 153 全場1-2-1-1包夾防守

人數 10人～

地點 全場處

目的 透過全場的區域緊迫盯人，
讓對方無法順利運球向前推進。

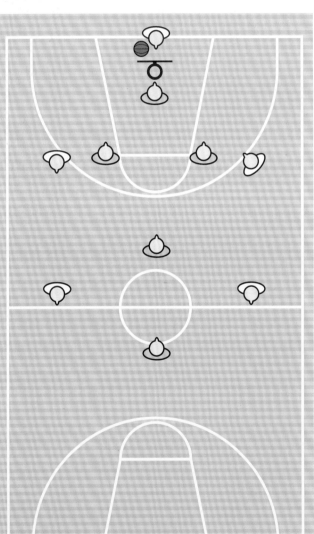

程序

①進行5對5的攻防練習。防守方（黃）分布全場，如圖排列成1-2-1-1的陣型。

②進攻方（白）自底線發球，防守方擾亂對方陣型，全力阻止進攻方的攻勢。

教練筆記 MEMO

由於區域緊迫盯人需消耗大量體力，所以一般只在緊要關頭時做短時間的運用。在己方得分後立刻開始區域緊迫盯人，將能擾亂對方的進攻節奏。

建議事項

區域緊迫盯人還有另一種2-2-1的陣型。2-2-1通常使用於對方發邊線球時。若能透過這樣的防守阻止對方的運球或傳球，迫使對方延長進攻時間的話，就算是成功了。

第10章
基礎體能訓練
Basic Physical Strength

想成為一位優秀的球員，
基本體能是不可或缺的。
雖然訓練內容略嫌單調，
但還是要日復一日地勤加鍛鍊。

技術解說：鍛鍊體力的概念

POINT 1 肌力鍛鍊和伸展運動 對籃球員來說是絕對不可或缺的

優秀球員的條件之一，就是要具備速度。其中又以第一時間的瞬間加速以及減速、停止、方向轉換等的速度最為重要。要提高這些能力需要基本的肌力。另外，由於籃球運動是一種包含衝刺、跳躍、以及衝撞等的高強度運動，僅能利用犯規或是換人的時候做短暫休息（這樣的運動稱之為「間歇性運動」）。但籃球比賽為四十鐘，因此耐力也是不可或缺的一部份，其所需的耐力部份，與以一定速度奔跑的馬拉松有所不同。籃球的運動型態是高強度、高間歇及短的休息時間，因此球員需要具備能夠承受激烈攻防轉換的耐力和肌力。技術性的球技訓練固然非常重要，但光做這樣的訓練無法讓球具具備真正比賽時必要的基本體能。所以在平常練習的時候，就要根據球隊及球員的狀況，加入一些基本體能的訓練。

除此之外，伸展運動同樣也是不可或缺的。伸展運動除了可以防止運動傷害之外，由於成長時期骨骼的生長速度比肌肉快，所以肌肉容易僵硬。一旦肌肉變硬，當球員成年之後，要再軟化回來會比較困難。所以特別是在訓練尚處於成長期的球員時，最好在肌力訓練之餘搭配能夠提高身體柔軟度的伸展運動。

本章將體能訓練分成「技術」、「力量」、「耐力」三大類，當中載有以國中男生為基準的時間和次數。由於每個人的體能不同，再加上女子球員和男子球員一樣也要接受體能訓練，所以如果球員的體力或肌耐力跟不上的話，教練就要在次數和訓練程序上做一些調整。反之，若球員勝任有餘的話，也可以酌量增加。基本上要以正確的姿勢以及建議的次數，作為體能訓練的標準。

體能訓練的分類

①技術
以訓練柔軟度、敏捷度為主

②力量
以強化肌力及力量為主

③耐力
以訓練持久力為主

POINT 2　國小球員以鍛鍊技術爲主，國中球員以鍛鍊耐力爲主，高中球員以鍛練肌力爲主

　　進行體能訓練時，需要特別注意的是球員的成長期問題，其中的關鍵在於「時機」。根據成長期的發育模式圖（請參照下圖），各項能力的發展情況並不是同時與時漸進，而是每個時期有每個時期發展的重點。所以，必須配合每個年齡發展的重點，規劃出一套訓練表。

　　首先是國小時期。這個時期容易提升技術方面的能力，所以建議讓球員多接觸球，一方面讓球員學習籃球技術層面的技巧，一方面配合基礎的肌力以及敏捷性訓練。此外，也可以藉由比賽形式的練習，讓球員自然提升自己的耐力。所以此時期的訓練不必想得過於複雜，只要記住「多讓球員接觸球」這個重點即可。

　　國中時期的球員最適合發展耐力方面的潛能。耐力會隨著年齡成正比增進，此時期球員的耐力與成年人是相差無幾的。所以這個時期的耐力訓練將決定球員將來耐力的強弱與否。當中特別是擔任中鋒（P.60）位置的高個子球員，因為在練習的運動量上通常會比其他位置少，所以必須讓這類球員多進行跑步類的訓練，以增加他們的體力與耐力。

　　當球員進入高中之後，通常也是發育接近完成期的時候。由於搶籃板或是與其他球員身體接觸時，需要在短時間內爆發出較大的力量，所以可以讓這個時期的球員進行比較正式的重量訓練以及跳躍能力的相關訓練。此外，也可以要求球員在國中時期就先配合自身體重做肌力訓練，好為此階段做準備。

　　另外要說明的是，這裡雖然針對各個年齡層做了分類，但成長過程和體力還是會依個人體質不同而有差異。因此教練應該針對不同的球員做不同的調整，而不是概括性地將相同的訓練程序用在所有球員身上。

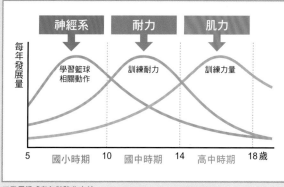

■發展模式與年齡強化方針／出處：宮下充正（1986），有略做增刪

基礎體能訓練

方法 **154**

大腿內側伸展①

技術　力量　耐力

🏀 地點　不拘

🕐 基準　15～20秒

目 的 ▷ 提高大腿內側的柔軟度，預防運動傷害。

一隻腳彎曲，不要駝背，
由髖關節的根部往前倒。

程 序

①坐在地上將腳伸直。

②一隻腳彎曲，並將該腳的內側向內收至大腿內側。

③朝伸出腳的方向，將身體往前倒。

④維持這樣的姿勢。

教練筆記 MEMO

做的時候要注意，不是彎腰，而是要將上半身從髖關節的根部往前倒。大腿的內部（也就是腿後肌群，hamstrings）因容易拉傷，所以做的時候一定要小心。

基礎體能訓練

方法 **155**

大腿內側伸展②

技術　力量　耐力

🏀 地點　不拘

🕐 基準　15～20秒

目 的 ▷ 提高大腿內側的柔軟度，預防運動傷害。

在地板上仰躺，單腳垂直向上舉。

程 序

①仰躺於地板上。

②如圖所示般，一邊用雙手扶住大腿內側，一邊將腳垂直抬起。

③維持這樣的姿勢。

教練筆記 MEMO

此動作與上個單元一樣，目的都是讓大腿肌肉做適當的延展。如果有特別想鍛鍊的肌肉群，也可以針對該部位做比較仔細的伸展動作。進行此運動時，請注意沒有抬起的那隻腳千萬不可離開地面騰空。

基礎體能訓練

方法 156 臀部伸展①

地點　不拘

基準　15～20秒

目的 提高臀部與腰部的柔軟度，預防運動傷害。

雙手抱住雙腳，並將膝蓋頂到胸部。做的時候請注意臀部和腰部是否有拉出伸展的感覺。

程序

①仰躺於地板上。

②如圖所示抱住雙腳，並將膝蓋頂到胸部。

③維持這樣的姿勢。

教練筆記 MEMO

做伸展運動時，是否感覺到欲伸展的部位有充分獲得伸展非常重要。此單元要伸展的部位是腰與臀，所以在進行的時候一定要注意這兩個部位是否獲得充分伸展。

基礎體能訓練

方法 157 臀部伸展②

地點　不拘

基準　15～20秒

目的 提高臀部與腰部的柔軟度，預防運動傷害。

雙腳交叉成4字型，並將大腿頂住胸部。
此練習主要是伸展頂住胸部那隻腳的臀部肌肉。

程序

①仰躺於地板上。

②如圖所示雙腳交叉，然後雙手抱住未交叉腳的大腿。

③將抱住的腳拉往胸部，並維持這樣的姿勢。

教練筆記 MEMO

與上個單元相同，此運動的目的同樣是伸展臀部與腰部的肌肉群。藉由雙腳交叉成4字型，可以將彎起的那隻腳稍稍往側邊做延伸的動作。

基礎體能訓練

方法 158　臀部伸展③

地點　不拘

基準　15～20秒

目的　加上扭身的動作，提升臀部和腰部的柔軟度，藉此預防運動傷害。

仰躺之後雙手張開，扭轉腰部。把彎起的腳放在底下的腳上，將有助於伸展的動作。

程序

①仰躺於地板上，雙手張開。

②如圖所示扭轉腰部，單手扶住交叉的腳。

③維持這樣的姿勢。

教練筆記 MEMO

雙肩不可離開地面騰空，如果把彎起的腳放在底下的腳上，將更容易做出伸展的動作。

基礎體能訓練

方法 159　大腿前側伸展

地點　不拘

基準　15～20秒

目的　提升大腿前側的柔軟度，藉此預防運動傷害。

側躺之後彎曲上方的腳。然後盡可能地將彎起來的腳的膝蓋彎到身體後方去。

程序

①側躺於地板上。

②如圖所示彎曲上方的腳，然後用手抓住腳尖。

③維持這樣的姿勢。

教練筆記 MEMO

為了讓大腿前側完全伸展，請盡可能的將彎起來的腳的膝蓋彎到身體後方。請記住最好彎到髖關節的根部附近。

方法 160

大腿內側伸展

技術　力量　耐力

地點　不拘

基準　15～20秒

目的 ▶ 提升大腿內側的柔軟度，藉此預防運動傷害。

將雙手雙腳撐於地面，張開膝蓋。然後盡可能地擴張大腿內側，使重心放在下半身。

程序

①雙手和兩邊膝蓋撐於地面。

②盡量拉開兩邊膝蓋的間隔距離。

③將重心放在下半身。

④維持這樣的姿勢。

教練筆記 MEMO

盡可能地擴張大腿內側，使整個身體的重心集中在下半身。適度調整一下身體，讓大腿內側能得到一定的伸展，不過也不可太過勉強。

方法 161

小腿伸展

技術　力量　耐力

地點　不拘

基準　15～20秒

目的 ▶ 提升小腿的柔軟度，藉此預防運動傷害。

雙手撐住地板，雙腳交叉，觸地那隻腳的腳跟確實踩在地面上。

程序

①在膝蓋伸直的狀態下用雙手撐住地板。

②如圖所示交叉雙腳，並讓單腳的腳跟著地，切記腳跟不可離地。

③維持這樣的姿勢。

教練筆記 MEMO

可交互進行膝蓋伸直以及膝蓋彎曲這兩種不同模式的伸展法，如此一來將更能達到預定的效果。

投籃

運球

傳球

防守

籃板

1對1個人技術

小配合

團隊進攻

團隊防守

基礎體能訓練

基礎體能訓練

技術 力量 耐力

| 地點 | 半場或超過半場的大範圍內 |
| 基準 | 14～28m |

方法 162 弓箭步

目的 提高髖關節活動時的靈活性，增強下半身的肌力。

程序

①雙手叉腰，單腳高高抬起。

②順勢往前大踏步。

③重複此動作，向前邁進。

④以同樣的動作向後移動。

教練筆記 MEMO 方法154～161等靜態的伸展運動，稱之為「靜態伸展」，而像此單元一樣伴隨著反覆動作的伸展運動，則稱之為「動態伸展」。若能將此類動作編入暖身運動中，將更能發揮其舒張身體的效果。

基礎體能訓練

技術 力量 耐力

| 地點 | 半場或超過半場的大範圍內 |
| 基準 | 14～28m |

方法 163 馬步蹲走

目的 藉由拉開髖關節，以增加其活動時的靈活性，並加強下半身肌力。

程序

①如圖所示般張開雙腳下蹲，像相撲選手的備戰姿勢一樣。

②雙腳交互向前踏，慢慢向前移動。

教練筆記 MEMO 保持挺起上半身並正面向前的姿勢，從髖關節處開始動作。動作時請注意膝蓋不可向內縮，也不可以駝背。

技術　力量　耐力

地點　半場或超過半場的大範圍內
基準　14～28m

方法 164 爆發性跨步跳

審訂註：通稱為快樂步伐，因為人開心的時候就是這樣跑的。

目的 藉由拉開髖關節，以增加其活動時的靈活性，並加強下半身的肌力及爆發力。

大動作跳步。
盡可能地跳高。

程序

①如圖所示般雙手大大擺動，然後單腳高高跳起。不同手不同腳，即舉右手時，抬左腳。最後用跳躍的那隻腳著地。

②用另一隻腳做同樣的動作，並重複此動作跳躍前進。

教練筆記 MEMO 這個練習簡單來說就是擴大跳步的動作。可以藉由抬高臀部並盡可能地跳高，達到增進跳躍力的目的。除了前進之外，也可以試著用跳步做後退的動作。

技術　力量　耐力

地點　半場或超過半場的大範圍內
基準　14～28m

方法 165 後踢

目的 利用大腿內側的肌肉將腳抬起，藉此強化下半身的肌力和爆發力。

雙手貼住臀部，
並用力將腳踢至雙手擺放的位置前進。

程序

①掌心向外，雙手放在臀部的位置。

②如圖所示般一邊將腳用力向上踢，直至能碰到掌心，一邊前進。

教練筆記 MEMO 此動作不僅能當伸展運動，同時還能提升大腿內側肌肉的收縮速度，藉此強化球員的瞬間爆發力。

投籃 運球 傳球 防守 籃板 1對1個人技術 小組配合 團隊進攻 團隊防守 基礎體能訓練

基礎體能訓練

方法 166 髖旋轉

技術 力量 耐力

地點　半場或超過半場的大範圍內

基準　14〜28m

目 的 提升髖關節附近相關旋轉動作的靈活性。

單腳朝外側高高舉起，
並由外向內來回大動作甩動。

程 序

①如圖所示般單腳朝外側抬高，並慢慢地由外側向內側來回甩動。

②換另一隻腳做同樣的動作。請重複此動作，並向前進。

教練筆記 MEMO

此伸展運動的重點在於必須讓抬起的膝蓋像畫圓圈般大大地繞圈甩動。當由外而內結束後，接下來可試著由內而外。

基礎體能訓練

方法 167 側交叉步

技術 力量 耐力

地點　半場或超過半場的大範圍內

基準　14〜28m

目 的 提升扭腰動作和髖關節附近相關動作的靈活性。

一邊扭腰一邊運用交叉步，
橫向移動。

程 序

①上半身維持正面，一邊扭腰一邊橫向前進。

②假設是向左方移動的話，那麼就如同照片般邊扭腰邊讓右腳跨到左腳前方做出交叉步動作。

③接著左腳朝右腳的旁邊跨出，恢復原來的姿勢。

④然後同樣進行扭腰動作，但這次換右腳跨到左腳後方做交叉步動作。如此不斷重複，橫向移動。

教練筆記 MEMO

可以用相同的動作，前方的腳高高向上抬，或是後方的腳高高向上抬起旋轉，以增加此伸展運動的變化。

技術 | 力量 | 耐力

📍 地點　半場或超過半場的大範圍內

⏰ 基準　14～28m

方法 168　前踢

目的　藉由伸展大腿內側，擴展髖關節前後的可動範圍。

程序

① 如圖所示膝蓋伸直，單腳向前高高抬起，用另一側的手觸碰該腳。

② 接著換腳做此動作。請一邊重複此動作一邊前進。

教練筆記 MEMO　注意膝蓋不要彎曲，同時盡可能地將腳抬高。但記住不要過於勉強，在自己做得到的範圍內抬腳即可。另外，為了將腳抬高而駝背是不正確的姿勢。

膝蓋伸直，單腳向前高高舉起，之後一邊用不同於抬腳側的手點觸該腳，一邊前進。

技術 | 力量 | 耐力

📍 地點　半場或超過半場的大範圍內

⏰ 基準　14～28m

方法 169　側踢

目的　藉由伸展大腿內側，擴展髖關節左右的可動範圍。

程序

① 如圖所示膝蓋伸直，單腳向側邊高高抬起，用同一邊的手觸碰該腳。

② 接著換腳做此動作。請一邊重複此動作一邊前進。

教練筆記 MEMO　上個單元的目的是擴展髖關節前後的可動範圍，此單元的目的則是擴展髖關節左右的可動範圍。同樣的，做此動作時請記得伸直背脊，膝蓋不要彎曲。

膝蓋伸直，單腳向側邊高高舉起，之後一邊用抬腳側的手點觸該腳，一邊前進。

投籃

運球

傳球

防守

籃板

1對1個人技術

小組配合

團隊進攻

團隊防守

基礎體能訓練

基礎體能訓練

方法 170　抬腿跑

地點　半場或超過半場的大範圍內

基準　14m

目的 雙手大幅前後擺動並將腳向上提，藉此擴展髖關節的可動範圍。

一邊抬高大腿一邊向前進。
雙手從肩胛骨開始大幅前後擺動。

程序

①一邊抬高大腿一邊前進。

②雙手從肩胛骨開始大幅前後擺動。

教練筆記 MEMO 這種一邊抬高大腿一邊跑的伸展動作，稱之為抬腿跑。放下腳時，切記一定要放到腰部以下。手的部分，首先輕輕彎曲手肘後稍微固定，然後以肩膀為軸心大幅擺動肩胛骨，讓手臂前後甩動。

基礎體能訓練

方法 171　S型跑

地點　半場或超過半場的大範圍內

基準　8～10個三角筒

目的 此為許多籃球腳步的基礎，可藉此鍛鍊腳力與爆發力。

每隔一公尺擺1個三角筒，
讓球員在8～10個三角筒之間迂迴前進。

程序

①將三角筒等間隔（約1m）排列。

②在不讓三角筒倒下的前提下，迂迴前進。

教練筆記 MEMO 如果沒有三角筒，也可以用寶特瓶或球員來代替障礙物。腳步方面，可以用非交叉的腳步，也可以用交叉步來進行。

方法 172　後退步衝刺

技術　力量　耐力

地點　半場或超過半場的大範圍內

基準　8～10個三角筒

目的　訓練跑步時減速、停止、轉換方向等動作的速度。

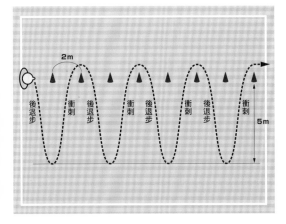

2m

後退步　衝刺　後退步　衝刺　後退步　衝刺　後退步　衝刺

5m

程序

①將三角筒等間隔（約2m）排列，數量為8～10個。

②依照圖中標示的路徑動作。首先球員需倒著跑（後退步）至離三角筒約5公尺處的邊線，接著單手觸線後以直向的方向往下一個三角筒衝刺。

③繞過三角筒後再往邊線處做後退步，一直到繞完所有的三角筒。

教練筆記 MEMO　進行折返時，最重要的是從後退到衝刺之間轉換腳步時的那兩步。此時要記得將身體重心壓低，並盡可能地快速轉換為衝刺的腳步。

方法 173　折返跑

技術　力量　耐力

地點　半場或超過半場的大範圍內

基準　5～6秒

目的　訓練跑步時減速、停止、轉換方向等動作的速度。

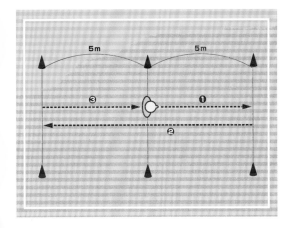

5m　　5m

③　　①

②

程序

①如圖從中線開始起跑，跑至5公尺遠的底線後用手觸線，接著轉身180度往回跑。

②跑到另一側10公尺處的底線後用另一隻手（不同於剛剛觸線的手）觸線，然後再轉身180度往回跑，直到5公尺遠的終點處。

教練筆記 MEMO　整個流程跑下來的時間是5～6秒。可以用碼表一邊計時一邊進行。

基礎體能訓練

方法 174　四角敏捷性跑

地點　半場處

基準　20～22秒×2

目的　提升各種腳步（特別是防守時）的移位速度。

程序

①此練習需在禁區內實施。如圖示般先往右前方衝刺。

②接著在罰球線上朝左做滑步移動。

③接著往右後方側跑。

④碰到底線後往左前方衝刺，接著再往右後方做滑步移動。最後往左後方側跑。

⑤在20～22秒之間重複兩次。

教練筆記 MEMO　此為綜合多種腳步而成的總合練習。進行時請想像自己是防守者，讓身體保持在正面的狀態。

基礎體能訓練

方法 175　三角敏捷性跑

地點　半場處

基準　13～15秒

目的　提升各種腳步（特別是防守時）的移位速度。

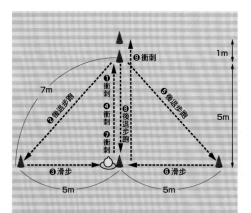

程序

①如圖放置三角筒，並按照圖所標示的順序及腳步做移動。❶衝刺❷後退步跑❸滑步❹衝刺❺後退步跑❻滑步❼衝刺❽後退步跑❾衝刺。

教練筆記 MEMO　此為日本足球協會的體能測驗導覽中所訂出的項目。筆者是以防守者的角度，將範圍限定在攻防動作激烈的三分線內區域，所規劃出來的訓練項目。

技術　**力量**　耐力

方法 **176**

蹲馬步

| 🗺️ 地點 | 不拘 |
| 🕐 基準 | 20次×2～3 |

目 的

可提升下半身的肌力。
此為維持籃球基本動作（P.26）的重要訓練。

程 序

①如圖所示般腳尖向外，雙腳張開，雙手向前伸出。

②慢慢將腰部往下沉，直到大腿與地板平行為止。

③數「1、2」，當數到2的時候抬起臀部約30cm，接著數「1、2、3」的3時再度蹲下。

教練筆記 MEMO
做此運動時記得背脊要挺直。此外，要注意膝蓋不可向內側或前方彎，一定要與腳尖的方向一致才行。

技術　**力量**　耐力

方法 **177**

抬臀運動

| 🗺️ 地點 | 不拘 |
| 🕐 基準 | 10次 |

目 的

提升奔跑能力以及彈跳能力等
所需的大腿內側肌力。

仰躺立起膝蓋，
將臀部抬起。

程 序

①仰躺後將雙手放在身體兩側略作支撐，之後彎曲雙腳，並抬起膝蓋。

②如圖所示般將臀部抬起。

教練筆記 MEMO
此為強化臀部與大腿內側肌肉的訓練項目。請將臀部向上抬起，肩部到膝蓋要成一直線的狀態。也可以用單腳來做，以增加此訓練的變化。

投籃

運球

傳球

防守

籃板

1對1個人技術

小組配合

團隊進攻

團隊防守

基礎體能訓練

基礎體能訓練

方法 178 伏地挺身

地點　不拘

基準　20次×2～3

目的　以胸部為中心做上半身的挺舉動作，藉此提升上半身相關的肌力。

就是一般人常做的伏地挺身。做的時候請讓胸部幾乎接觸到地面後再挺起。從側面看時，身體要呈現一直線的狀態。

程序

①趴在地上，雙手往兩邊伸展開。

②雙手展開後，將手撐起至手肘的位置。

③運用雙手的力量將身體往上撐起。

④彎曲手肘，讓上身下沉至胸部幾乎接觸地面。

⑤動作時肩部、腰部、以及雙腳要呈一直線，如此上下反覆。

教練筆記 MEMO　做的時候請注意身體的線條要呈一直線。隨著撐住地面的手幅度的變化，鍛鍊到的部位也會有些許差距。鍛鍊時請以本單元的程序為基準，並以一個手掌的寬度為每次變化的範圍，做手掌向內側及外側的鍛鍊。

基礎體能訓練

方法 179 雙人互拉運動

地點　不拘

基準　10次×2～3

目的　以背部為中心做上半身的拉扯動作，藉此提升上半身相關的肌力。

互拉時一定要有肩胛骨確實向內側拉的感覺。拉完放回後也要保持一定的肌肉緊張感。

程序

①2人一組，如圖所示般對坐，各持毛巾的一邊。

②輪流把毛巾往自己的方向拉。

教練筆記 MEMO　除了往自己的方向拉之外，將毛巾送往對方的方向時也不可完全放鬆，要一直維持施力的狀態。之所以會利用毛巾當道具，是為了防止汗水濕滑的緣故。在往己方拉近時，請謹記肩胛骨一定要有確實向內側拉的感覺。

方法 180 核心肌群訓練

敏捷 **力量** 彈力

地點 不拘

基準 20秒×3

目 的 此為強化體幹的訓練。目的在於穩定投籃的姿勢，並增加與對手肢體碰撞的對抗性。

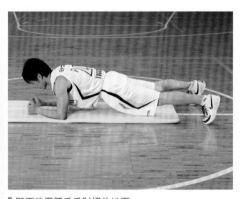

趴下後用雙手手肘撐住地面。
接著用力讓身體呈騰空狀態，並維持此姿勢。

程 序

①趴下後用雙手手肘撐住地面。

②如圖所示撐起身體，並讓肩部、腰部以及雙腳的位置呈一直線，之後一直維持此姿勢。

教練筆記 MEMO 所謂的體幹，指的是形成身體主幹的腹部周圍，當中含蓋了腹肌及背肌等肌肉群。強化此處的目的在於提升整體的體能強度，進而提高投籃姿勢的穩定度以及身體對抗的強度。

方法 181 核心肌群訓練（側身）

技術 **力量** 彈力

地點 不拘

基準 20秒×3

目 的 此為強化側面體幹的訓練。目的在於穩定投籃的姿勢，並增加與對手肢體碰撞的對抗性。

側躺後利用下方的手肘撐住地面。
接著用力撐起身體，並維持此姿勢。

程 序

①側躺後用下方的手肘撐住地面。

②如圖所示般撐起身體，並將另一隻手向上舉高，之後一直維持此姿勢。

教練筆記 MEMO 撐起身體時，記得肩部、腰部、以及雙腳要呈一直線。腹部往下沉或是背脊彎曲呈「く」字型都是不正確的姿勢。

基礎體能訓練

技術　力量　耐力

方法 182 核心肌群訓練（單腳）

技術　**力量**　耐力

🖼地點　不拘

⏰基準　20秒×3

目的 與方法180、181（P.227）相同，都是強化體幹的訓練。
同時也可以鍛鍊大腿內側的肌肉。

仰躺後單腳彎曲，讓膝蓋直立。
將臀部往上抬讓腳騰空，並維持此姿勢。

程序

①仰躺後雙手放在身體兩側當支撐，然後彎起一隻腳，並讓膝蓋直立。

②如圖所示般抬高臀部並讓伸出的腳騰空，維持這樣的姿勢。

③當一隻腳結束後，換另一隻腳進行相同的動作。

教練筆記 MEMO　抬起臀部時，請記得肩部到膝蓋要呈一直線的狀態。

基礎體能訓練

技術　**力量**　耐力

方法 183 仰臥起坐

🖼地點　不拘

⏰基準　10次×1～2

目的 重點強化腹部附近的肌肉。
鍛鍊時請不要使用反作用力來動作。

仰躺後彎曲膝蓋。
雙手抱頭，挺起上半身。

程序

①仰躺後彎曲膝蓋，雙手抱頭。

審訂註：抱頭容易造成後頸部神經受傷，目前大多以雙手碰耳朵，或雙手放在胸前。

②由頭部朝腰部的位置移動，緩緩挺起上半身，注意不要使用反作用力。

教練筆記 MEMO　此為鍛鍊腹肌最普遍的一種方法。伸直膝蓋可能會造成腰部酸痛，所以建議彎起膝蓋來做。如果因為肌力不夠，雙手抱頭做起來有困難的話，也可以將雙手在胸前交叉來進行此鍛鍊。

技術	**力量**	耐力

方法 184 轉體仰臥起坐

🗺 地點　不拘

⏰ 基準　10次×1～2

目的 ▷▷ 一邊屈身轉體，
一邊重點強化腹部附近的肌肉。

仰躺後交叉雙腿。
接著一邊轉體一邊挺起上身。

程序

① 仰躺後一隻手放在身體側邊，另一隻手扶住頭部後方。接著曲起膝蓋，將手放側邊的腳，架在另一隻腳的膝蓋上。

② 如圖所示般一邊扭轉身體一邊挺起上半身，並讓手肘碰觸膝蓋。

③ 一邊結束後，另一邊也做相同的次數。

教練筆記 MEMO

此單元的目的在於利用扭轉身體來強化動作附近部位的肌力，所以在做扭轉動作時請盡量用上力量。

技術	**力量**	耐力

方法 185 腳尖觸碰

🗺 地點　不拘

⏰ 基準　10次×1～2

目的 ▷▷ 重點強化腹部附近的肌肉。
做的時候盡量不要彎曲膝蓋。

仰躺之後雙腳舉高，接著挺起上半身，
用雙手觸碰腳尖。

程序

① 仰躺在地板上。

② 盡可能在膝蓋不彎曲的情況下抬高雙腿，接著挺起上半身，試著用雙手觸碰腳尖。

教練筆記 MEMO

為了增加鍛鍊的變化性，做的時候可以用右手去觸碰左腳，以及用左手去觸碰右腳，藉此讓體幹的部分扭轉。

基礎體能訓練

技術　**力量**　耐力

方法 186　臀部上舉

地點　不拘

基準　10次×1～2

目 的　經由將臀部上舉，
可重點鍛鍊腹部附近的肌肉。

程 序

①仰躺在地板上，雙手置於身側。雙腳曲起讓臀部騰空。

②如右邊照片般將雙腳朝上伸直，抬起臀部。

教練筆記 MEMO　放下雙腳時，由於一口氣放下會讓腰部遭受過度負擔，所以請控制速度緩緩放下。

基礎體能訓練

技術　**力量**　耐力

方法 187　空踩腳踏車

地點　不拘

基準　10次×1～2

目 的　一邊扭轉上半身，
一邊重點強化腹部附近的肌肉。

仰躺之後雙手抱住頭部後方，
挺起上半身扭動身體。

程 序

①仰躺之後雙手抱住頭部後方。

②如圖所示般挺起上半身，一邊扭轉身體一邊碰觸手肘（如果是右手肘的話，就碰觸左膝蓋），如此交互重複。

教練筆記 MEMO　與方法183～186一樣，此單元的主要目的為鍛鍊腹肌。進行此鍛鍊時請注意一定要讓手肘和膝蓋互相碰觸，並確實地扭動身體。

投籃　運球　傳球　防守　籃板　1對1個人技術　小組配合　團隊進攻　團隊防守　基礎體能訓練

基礎體能訓練

技術　**力量**　耐力

| 方法 188 | 仰臥起坐‧過頂傳球 |

目的 提升腹部周圍及上半身的爆發力。

🏀地點　不拘

🕐基準　10次×1～2

程序

①使用籃球，2人一組進行。

②如圖所示般坐下彎曲膝蓋，接到隊友的傳球後將球高舉過頭，然後仰躺。

③在肩胛骨觸到地面的瞬間立刻挺起上半身，朝隊友做過頂傳球。

④隊友接到球後將球回傳給傳球者。

躺下後將球高舉在頭頂上方，之後起身做過頂傳球動作。

教練筆記 MEMO　如果用藥球（Medicine Ball，訓練專用球）取代籃球做此鍛鍊，將可增加身體的負擔，藉此提升鍛鍊的強度。

基礎體能訓練

技術　**力量**　耐力

| 方法 189 | 仰臥起坐‧胸前傳球 |

目的 提升腹部周圍及上半身的爆發力。

🏀地點　不拘

🕐基準　10次×1～2

程序

①使用籃球，2人一組進行。

②如圖所示般坐下後彎曲膝蓋，接到隊友的傳球後將球舉至胸前，然後仰躺。

③在肩胛骨觸到地面的瞬間立刻挺起上半身，朝隊友做胸前傳球。

④隊友接到球後將球回傳給傳球者。

躺下後將球拿在胸前，之後起身做胸前傳球。

教練筆記 MEMO　此鍛鍊法為前一個練習的變化。與一般的胸前傳球一樣，在接到隊友的傳球後讓球維持在胸前的位置，待起身後再將球推送出去。

基礎體能訓練

方法 190 單手平衡接傳

地點　不拘
基準　10次×1～2

目的 培養平衡感，同時強化腹部附近的肌肉。

雙腳騰空後用臀部維持平衡，
與隊友互相傳球。

程序

①使用籃球，2人一組進行。

②首先雙腳伸直坐好，接著讓雙腳騰空，以臀部為軸心維持平衡。

③如圖所示般單手接住隊友傳過來的球，之後再回傳給隊友。

教練筆記 MEMO
習慣之後，可以請隊友傳出不定向的球以提高難度。

基礎體能訓練

技術　**力量**　耐力

方法 191 單手伏地挺身

地點　不拘
基準　10次×1～2

目的 鍛鍊上半身及體幹，增強瞬間爆發力。

使用籃球做伏地挺身。
挺起上半身後，在空中換手持球。

程序

①將一隻手放在球上，另一手放在地上，並做出伏地挺身的姿勢。

②彎曲手肘讓上半身往下沉，當一口氣將上半身撐起的同時，在空中換持球的手。

教練筆記 MEMO
基本上跟「伏地挺身（方法178／P.226）」一樣是為了增強上半身的肌力，但要能做到這個動作，必須具備更強的肌力以及更卓越的平衡感。因此這個練習較適合高中以上的球員。

技術　**力量**　耐力

方法 192 拱背

| 📍地點 | 不拘 |
| 🕐基準 | 10次×1～2 |

目的 ▶▶ 趴下後挺起上半身以鍛鍊背肌。

趴下後挺起上半身。
控制速度，不要利用反作用力做此動作。

程序

①趴下後，舉起雙手至頭前。

②如圖所示般挺起上半身使之騰空。

教練筆記 MEMO　如果使用反作用力做此動作的話，脊柱（形成身體軸心的骨骼）會負擔過重，有可能因此造成脊柱損傷。所以請試著控制速度，不要利用反作用力。

技術　**力量**　耐力

方法 193 手臂與腿部伸展

| 📍地點 | 不拘 |
| 🕐基準 | 10次×1～2 |

目的 ▶▶ 強化腰部，
並鍛鍊體幹的平衡感。

雙手雙腳撐住地面，抬起其中一隻手和一隻腳，
如此不斷重複。

程序

①雙手及雙膝撐住地面。

②如圖所示般將其中一隻手及另一邊的腳抬至與地板平行。照片中的示範為左手及右腳。

教練筆記 MEMO　此鍛鍊由於採取較不安定的姿勢，所以可視為一種強化體幹平衡感的訓練。請控制速度，慢慢地讓手腳上下動作。

投籃

運球

傳球

防守

籃板

1對1個人技術

小組配合

團隊進攻

團隊防守

基礎體能訓練

233

基礎體能訓練

力量

方法 194 跳繩

| 地點 | 不拘 |
| 基準 | 20～30秒×3～5種跳法 |

目的 培養節奏感以及彈跳能力。

程序

①請準備一條跳繩用的繩子。

②在一定的節奏感下跳繩。

教練筆記 MEMO

卓越的彈跳能力是成為一位優秀球員的條件之一。一般人常做的跳繩運動可以幫助球員輕鬆達到提升彈跳能力的目的，這也算是一種相當基礎的體能訓練。進行時可以多嘗試前後跳、左右跳、二迴旋等花式，以增加訓練的變化。

基礎體能訓練

力量

方法 195 雙腳屈膝跳

| 地點 | 不拘 |
| 基準 | 10次×2～3 |

目的 原地起跳，以增強垂直方向的彈跳能力。

程序

①大腿盡可能地往身體收，並盡量跳高。

②雙腳著地後，利用反作用力再次迅速跳起。

教練筆記 MEMO

跳高後收起膝蓋，將能增加訓練的強度及難度。一開始可以先伸直膝蓋，等原地跳個幾次之後，再慢慢加入收膝蓋的動作。

基礎體能訓練

技巧 **力量** 耐力

方法 196 雙腳連續彈跳

🏠 地點 不拘

🕐 基準 5次×2～3

目的 雙腳彈跳前進，可增進水平方向的彈跳能力。

程序

①與立定跳遠的要領相同，雙腳使力下蹲後奮力跳起。

②雙腳著地後，以相同動作連續跳躍前進。

教練筆記 MEMO
也可以單腳跳躍，以增加訓練的強度與難度。但在這之前要先抓到雙腳起跳的要領，之後再挑戰單腳起跳。

基礎體能訓練

技巧 **力量** 耐力

方法 197 側彈跳

🏠 地點 不拘

🕐 基準 10次×2～3

目的 橫向跳躍，藉此增進橫向的彈跳力。

程序

①單腳站立，並如同圖示般往橫向做跳躍動作。

②以相反側的腳著地後，再用單腳跳回原處。

教練筆記 MEMO
做此訓練時請注意，著地時膝蓋不要朝向內側，而且雙腳不可交叉。請確實利用膝蓋做緩衝後著地。

基礎體能訓練　　　　　　技術　力量　**耐力**

方法 198　長跑

📺 地點　全場

🕐 基準　30～40分鐘

目的

就是長距離的慢跑。
可鍛鍊撐完整場比賽的體力與耐力（有氧耐力）。

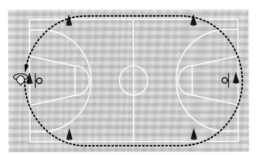

程序

①利用一定距離的競賽用跑道或是公園的慢跑路線，以一定的速度跑30～40分鐘。如果在球場做練習的話，可以像左圖一樣放置三角筒，如此一圈大概是75m，14圈大約是1km。

②一開始以6分鐘跑完1km（如此30分鐘內可跑完5km）的速度進行，待習慣後再加快速度。

③也可以用心拍數來決定跑動的速度。計算時不需要專門的機器，只要測試自己在10秒內的心跳次數後再乘以6，就可以知道自己1分鐘的心跳次數大約是多少。基準是1分鐘140～160次左右。

教練筆記 MEMO

做此訓練的重點是一定要預設好跑步的距離和時間，並且以一定的速度進行。由於每位球員的體能不同，所以建議將相同程度的球員編為一組，分組鍛鍊。

基礎體能訓練　　　　　　技術　力量　**耐力**

方法 199　二又四分之一折返跑

📺 地點　全場

🕐 基準　10次

目的

鍛鍊能以一開始的速度和爆發力撐到比賽最後的體力和耐力（無氧耐力）。

程序

①為了提高效率，可分三組進行。先請第一組在終點線上列隊。

②各個球員如圖在兩條底線間做二又四分之一趟的折返跑（速度請參考以下說明）。結束後在反方向的底線待命。當第一組要進行第二次的往返時，請在到達終點後先停留1分鐘再繼續進行，以調整與前一組的間隔。

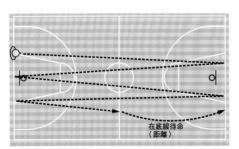

在底線待命
（距離）

國中男子：23～26秒	國中女子：25～30秒
高中以上男子：23～25秒	
高中以上女子：25～28秒	

教練筆記 MEMO

連續折返跑（直接折返不繞圈）這種衝刺性的訓練，對國中和國小球員來說，通常是極大的負擔，所以進行此訓練時想適度控制球員的心肺負擔，其實是非常困難的。像此單元一樣減少折返次數的話，不但可以達成鍛鍊速度的目的，同時也能有效率的加強心肺功能。

基礎體能訓練

技術　力量　**耐力**

方法 200　間歇折返跑

地點　全場

基準　4次×2

目的　藉由反覆的跑停，鍛鍊能以跑停動作撐到比賽最後的體力和耐力（間歇耐力）。

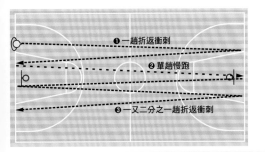

❶一趟折返衝刺
❷單趟慢跑
❸一又二分之一趟折返衝刺

程序

①分成三組，輪流進行。先請第一組在終點線上列隊。

②在球場兩端底線之間進行一趟折返衝刺後，接著單趟慢跑，最後再進行1.5趟折返衝刺（速度請參考以下說明）。第三組結束後，第一組緊接在後繼續。

教練筆記 MEMO

籃球比賽中，常會出現連續攻防轉換的情況。本單元與方法199的不同之處在於，藉由加快折返衝刺的速度以及夾雜慢跑，可讓訓練中帶有強弱的層次。請記得在轉身後的三步內做加速的動作。

國中男子：❶衝刺10～11秒、❷慢跑16～17秒、❸衝刺16～17秒
國中女子：❶衝刺11～12秒、❷慢跑17～18秒、❸衝刺17～18秒
高中以上男子：❶衝刺10秒、❷慢跑15秒、❸衝刺15秒
高中以上女子：❶衝刺11秒、❷慢跑16秒、❸衝刺16秒

基礎體能訓練

技術　力量　**耐力**

方法 201　一又四分之三場折返跑

地點　全場

基準　3次×3

目的　藉由反覆的跑停，鍛鍊能以跑停動作撐到比賽最後的體力和耐力（間歇耐力）。

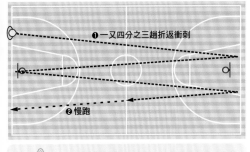

❶一又四分之三趟折返衝刺
❷慢跑

程序

①如圖在球場兩端底線之間進行一又四分之三趟折返衝刺，之後朝底線慢跑（速度請參考以下說明）。

②連續三次後，將距離延長為兩倍。

③同樣的練習進行三次。

教練筆記 MEMO

單元中所建議的時間，其實只是參考。由於每個人的體力不盡相同，所以可以先設定每個球員一開始僅勉強做到的時間，待體力有所增進後，再慢慢地將時間縮短。

國中男子：❶衝刺20～22秒、❷慢跑10秒
國中女子：❶衝刺21～23秒、❷慢跑10秒
高中以上男子：❶衝刺20秒、❷慢跑10秒
高中以上女子：❶衝刺21秒、❷慢跑10秒

關鍵在於增加練習及戰術的深度和廣度

教練也需要學習與成長

　　教練對於球員的影響，實在是太大太大了。從學生時代、業餘球隊時代、一直到加入國家代表隊的期間，我接受過許多教練的指導。其實不只國內，我也曾因美國籍教練的啟發，才深刻感受到籃球這項競技的深奧之處。

　　現在，我自己也成為一位籃球教練，這時才體認到指導球員打球是一件多麼困難的事。有時甚至覺得，當教練比當球員還累。籃球的技術和戰術日新月異，身為一位教練得隨時掌握住這些新資訊才行。此外，照顧到球員的心理層面也是教練的必備工作。教練跟球員一樣需要學習，甚至要比球員學得更多、更廣。

善用各種教學資源

　　當教練雖然是件苦差事，不過可供

教練們學習的工具也不少，只要夠認真、夠努力，教練也是可以透過學習成長的。學習的工具除了像本書一樣的書籍之外，另外像是教學DVD以及籃球相關的研討會等，都是可供學習的資源。為了能跟各方的教練多做交流，我自己也在2002年開始舉辦了一個名為「SHU'S · CAMP」的籃球營。

　　透過這些書籍和研討會，固然可以收集到來自各方的意見，但不見得所有的意見都適合用在自己球隊當中。

　　所以，我們還是要因材施教。由於每個球員的特性皆不相同，因此指導他們打球的程序也應該有多種變化才是。當一位教練，最重要的是增加練習及戰術的深度和廣度。

經常留意球員的判斷力

　　當我們得知一項新的練習程序並付

諸實行後，觀察球員的球技是否因此而提升是相當重要的。

此外，就算球員投進了一球，但若過程中還有些瑕疵，我們還是要予以指正。反之，若球員失手了一球，但所有的動作姿勢都是正確的，那就只是意外不進而已，此時沒有必要多做追究。以我來說，我會時時提醒自己去觀察球員是否會反省自己，並做出正確的判斷。

在戰術面也是如此。身為一位教練，我覺得必須去確認球員是否能完全理解，並做出正確的動作。懂得去思考「Why（為什麼）」，是相當重要的。

籃球的魅力已吸引越來越多人，相信日本的籃球水準也會因此與日俱增。希望有一天，我也能創造出一套能跟世界強權國抗衡的籃球戰術。就是這樣的信念支持著我日復一日的籃球教學工作。期待將來有機會能跟各位在「SHU'S・CAMP」碰面，同時更希望能透過本書讓更多人了解我的籃球觀。

小野 秀二

監修者 小野 秀二

1958年生於日本秋田縣，曾入選能代第一中學校隊、能代高工校隊、筑波大學校隊，畢業後效力於住友金屬工業。自國中一年級開始接觸籃球，幫助球隊於1975年拿下日本史上第一次的高中三冠王（全國高中總合體育大會、國民體育大會、全國高中選拔大會）。之後在筑波大學及住友金屬工業擔任後場指揮官的角色，並多次入選日本國家代表隊。以球員身份退役後，於1988年創立愛知學泉大學男子籃球隊並擔任教練，帶領該隊締造東海學生大會11連霸、東海學生聯盟10連霸等佳績，並於2000年的西日本學生選手權大賽中獲得優勝，後一舉進入全日本大學籃球選手權大賽前四強。同年，進入TOYOTA Alvark球隊擔任助理教練，次年成為總教練。之後，帶領球隊獲得JBL Super League（現JBL前身）2001-2002球季總冠軍，同時獲得該球季年度最佳教練。2005年後，轉任日立Sun Rockers總教練，帶領球隊獲得JBL及全日本總合選手權大賽2008-2009球季亞軍。屢屢打造出強隊的他獲得極高的評價，後於2009年擔任日本國家代表隊總教練。

小野秀二官方網站
http://www.coach-shuji.com/

提升籃球戰力200 絕招
個人技術・團隊訓練

2010年10月1日初版第一刷發行
2015年12月1日初版第七刷發行

監　　修　小野秀二
譯　　者　彭建榛
審　　訂　李雲光
編　　輯　劉泓葳
特約美編　楊瓊華
發 行 人　齋木祥行
發 行 所　台灣東販股份有限公司
　　　　　＜地址＞台北市南京東路四段130號2F-1
　　　　　＜電話＞(02)2577-8878
　　　　　＜傳真＞(02)2577-8896
　　　　　＜網址＞http://www.tohan.com.tw
郵撥帳號　1405049-4
新聞局登記字號　局版臺業字第4680號
法律顧問　蕭雄淋律師
總經銷　　聯合發行股份有限公司
　　　　　＜電話＞(02)2917-8022
香港總代理　一代匯集
　　　　　＜地址＞九龍旺角塘尾道64號龍駒企業大廈10樓B&D室
　　　　　＜電話＞2783-8102

日立Sun Rockers

西元2000年創隊。2005-2006球季首次打進JBL季後賽，並於2008-2009球季獲得JBL及全日本總合選手權大賽亞軍。隊名「Sun Rockers」意指一群灌籃足以強烈「撼動太陽（籃框）」的人。

日立Sun Rockers官方網站
http://www.hitachi.co.jp/sports/sunrockers/

日文版工作人員
監修　小野 秀二
協力　小山孟志
撰稿協力　渡辺 淳二
編輯・製作　OMEGASHA（小林 英史）
設計　Design Office TERRA
版面構成・圖版製作　ONO-A1
攝影　圓岡 紀夫
SPECIAL THANKS
取材・攝影協力
（股）日立製作所 日立柏体育館

國家圖書館出版品預行編目資料

提升籃球戰力200絕招／小野秀二監修；彭建榛譯.
　-- 初版.-- 臺北市：臺灣東販，2010.09
　面；　公分
譯自：バスケットボール練習メニュー200：
　考える力を伸ばす
ISBN 978-986-251-265-4（平裝）

1. 籃球

528.952　　　　　　　　　　　　　99014418

KANGAERU CHIKARA WO NOBASU !
BASKETBALL RENSHU MENU 200
© IKEDA PUBLISHING Co., LTD. 2009
Originally published in Japan in 2009 by
IKEDA PUBLISHING CO., LTD.
Chinese translation rights arranged through
TOHAN CORPORATION, TOKYO.

TOHAN